CD付

# 覚えておきたい中国語の歌

付：想いを伝える愛のワンフレーズ

呉《ご》越《えつ》華《か》

中経出版

# はじめに

中国は今、2008年の北京オリンピックや2010年の上海万国博覧会を控え、急速な発展をとげています。それにともない、多くの日本企業が進出し、7万人以上の日本人が中国に滞在しています。ビジネス、留学、観光のため、中国語を勉強しようとする日本人も増えています。

私は、通訳や音楽活動を行なう一方で、教師として声楽と中国語を教えています。

あるとき、中国語の授業の中で、中国の歌を教材として使ってみました。中国の歌を一人でも多くの日本の方に紹介したい、歌を通じて日中友好の懸け橋にしたい、お互いの文化を理解しあうことで深い関係をつくっていきたい、と思ったためです。

実際に、中国の歌を使って教えてみると、思いもよらぬことに気づきました。中国語の発音は、日本人にとって難しいとされています。私の生徒もみなさん苦労されていましたが、中国の歌を何度か歌っていくうちに、正しい発音が自然と身についていったのです。

なかなか単語が覚えられないという生徒も、歌といっしょに覚えることで頭に残り、語彙《ごい》をどんどん増やしていきました。中国の歌を使って中国語を学ぶことは大変学習効果が高い、ということがわかったのです。

そこで、これまでの私の経験をもとにして、中国語の歌を楽しみながら中国語も学べることをまとめたのが本書です。本書を通じて、中国語を学んでいる方、中国に関心を持たれている方に、少しでもお役にたてれば幸いです。

この本では、14曲の歌をとりあげました。中国の歌は11曲、日本の歌は3曲ですが、いずれも日中両国で愛唱されている曲です。

すべての曲に、中国語と日本語の対訳を行い、主な中国語には解説を加え、歌い方のアドバイスも付けました。中国語の発音は、拼音《ピンイン》と呼ばれる独特の表記で示されます。できるだけ、拼音《ピンイン》にしたがって発音した方がよいのですが、カタカナ表記も加え、初心者の参考としました。

14曲の歌だけでなく、「愛のフレーズ」も紹介しています。これは、恋人や、家族、友人の間で交わされる愛の表現をまとめたものです。一般の中国人が使っているくだけた日常表現ですね。中国の人と仲良くなったときに使うと、親近感を持ってもらえたり、関係が深まることと思います。

付属のCDには、14曲すべての歌と愛のフレーズが中国語で入っています。繰り返し聞くことで、中国語が上達するとともに、歌も上手くなることでしょう。

本書を通じて、両国の文化と音楽を通じてお互いに心が溶け込み合う関係になることを切望しています。

最後に、本書の出版の機会を与えて下さいました中経出版の杉本惇社長、川金正法氏には大変お世話になりました。また、先輩諸氏に多大なご指導、ご協力をいただきました。心より厚く御礼申し上げます。

2005年7月

呉　越華

# もくじ



## 本編：中国語の歌

想いを伝える愛のワンフレーズ

# 本編
# 中国語の歌

# 1 月《ユエ》亮《リャン》代《ダイ》表《ビャオ》我《ウォ》的《ディ》心《シン》／月は私の心を表す

Yuè liang dài biǎo wǒ dì xīn

CD-1

## 中国語歌詞

(1) 你《ニィ》问《ウェン》我《ウォ》爱《アイ》你《ニィ》有《ヨゥ》多《ドゥオ》深《シェン》　我《ウォ》爱《アイ》你《ニィ》

Nǐ wèn wǒ ài nǐ yǒu duō shēn　wǒ ài nǐ

あなたは「私があなたをどれほど深く愛しているか」と尋ねます

有《ヨゥ》几《ジィ》分《フェン》　我《ウォ》的《ディ》情《チン》也《イエ》真《ヅェン》　我《ウォ》的《ディ》爱《アイ》也《イエ》真《ヅェン》

yǒu jǐ fēn　wǒ dì qíng yě zhēn　wǒ dì ài yě zhēn

あなたは「私がどんなにあなたを愛しているか」と尋ねます。私の気持ちは偽りではありません。私の愛はまことです

月《ユエ》亮《リャン》代《ダイ》表《ビャオ》我《ウォ》的《ディ》心《シン》

yuè liang dài biǎo wǒ dì xīn

月を見れば私の愛する気持ちはわかります

(2) 你《ニィ》问《ウェン》我《ウォ》爱《アイ》你《ニィ》有《ヨゥ》多《ドゥオ》深《シェン》　我《ウォ》爱《アイ》你《ニィ》

Nǐ wèn wǒ ài nǐ yǒu duō shēn　wǒ ài nǐ

あなたは「私があなたをどれほど深く愛しているか」と尋ねます

有《ヨゥ》几《ジィ》分《フェン》　我《ウォ》的《ディ》情《チン》不《ブ》移《イ》　我《ウォ》的《ディ》爱《アイ》不《ブ》变《ビェン》

yǒu jǐ fēn　wǒ dì qíng bù yí　wǒ dì aì bú biàn

あなたは「私がどんなにあなたを愛しているか」と尋ねます。私の気持ちは変わりません。私の愛は変わりません

月《ユエ》亮《リャン》代《ダイ》表《ビャオ》我《ウォ》的《ディ》心《シン》

yuè liang dài biǎo wǒ dì xīn

月は私の心を表しています

(3) 轻《チン》轻《チン》的《ディ》一《イ》个《グゥ》吻《ウェン》　已《イ》经《ジン》打《ダ》动《ドン》我《ウォ》的《ディ》心《シン》

Qīng qīng dì yí gc wčn　yǐ jīng dǒ dòng wǒ dì xīn

軽いくちづけは私の胸を震わせたのよ

深《シェン》深《シェン》的《ディ》一《イ》段《ドゥアン》情《チン》　叫《ジャオ》我《ウォ》思《ス》念《ニエン》到《ダオ》如《ルゥ》今《ジン》
shēn shēn dì yí duàn qíng　jiào wǒ sī niàn dào rú jīn
今でもまだ深く愛し思慕の念でいっぱいです

(4) 你《ニィ》问《ウェン》我《ウォ》爱《アイ》你《ニィ》有《ヨゥ》多《ドゥオ》深《シェン》　我《ウォ》爱《アイ》你《ニィ》
Nǐ wèn wǒ ài nǐ yǒu duō shēn　wǒ ài nǐ
あなたは「私があなたをどれほど深く愛しているか」と尋ねます

有《ヨゥ》几《ジィ》分《フェン》　你《ニィ》去《チュイ》想《シャン》一《イ》想《シャン》　你《ニィ》去《チュイ》看《カン》一《イ》看《カン》
yǒu jǐ fēn　nǐ qù xiǎng yi xiǎng　nǐ qù kàn yi kàn
あなたは「私がどんなにあなたを愛しているか」と尋ねます。思い巡らしてみて下さい。見上げてみて下さい

月《ユエ》亮《リャン》代《ダイ》表《ビャオ》我《ウォ》的《ディ》心《シン》
yuè liang dài biǎo wǒ dì xīn
私の心は月を見ればわかります

何《ホゥ》不《ブ》想《シャン》一《イ》想《シャン》　何《ホゥ》不《ブ》看《カン》一《イ》看《カン》
hé bù xiǎng yi xiǎng　hé bù kàn yi kàn
思い巡らしてみて下さい。見上げてみて下さい

月《ユエ》亮《リャン》代《ダイ》表《ビャオ》我《ウォ》的《ディ》心《シン》
yuè liang dài biǎo wǒ dì xīn
月は私の心を表しています

注：(1)(2)(3)(4)は歌のアドバイスの説明有

## 語句

问《ウェン》(wèn)：尋ねる
多《ドゥオ》深《シェン》(duō shēn)：どんなに深く
几《ジィ》分《フェン》(jǐ fēn)：どれほどか（度合を表す）
也《イエ》(yě)：も、同様
真《ヴェン》(zhēn)：まこと、真実
月《ユエ》亮《リャン》(yuè liàng)：月、お月様
代《ダイ》表《ビャオ》(dài biǎo)：代表する
不《ブ》移《イ》(bù yí)：移らない
不《ブ》变《ビエン》(bú biàn)：変わらない
轻《チン》轻《チン》的《ディ》(qīng qīng dì)：軽く
吻《ウェン》(wěn)：くちづけ、キス
深《シェン》深《シェン》的《ディ》(shēn shēn dì)：深く
思《ス》念《ニエン》(sī niàn)：思い慕う、懐かしむ
到《ダオ》(dào)：～まで
如《ルゥ》今《ジン》(rú jīn)：現在、今
何《ホゥ》不《ブ》(hé bù)：なぜ
想《シャン》(xiǎng)：考える、思う
看《カン》(kàn)：見る

# 月《ユエ》亮《リャン》代《ダイ》表《ビャオ》我《ウォ》的《ディ》心《シン》

Yuè liang dài biǎo wǒ dì xīn

孫 儀 作詞
翁清渓 作曲

F Am Dm Gm C
深《シェン》的《ディ》一《イ》段《ドゥアン》情《チン》叫《ジャオ》我《ウォ》思《ス》念《ニエン》到《ダオ》如《ルゥ》今《ジン》 (4) 你《ニィ》
shēn dì yí duàn qíng jiào wǒ sī niàn dào rú jīn nǐ
F Am B♭ C
问《ウェン》我爱《ウォアイ》你《ニィ》有《ヨゥ》多深《ドゥオシェン》我《ウォ》爱《アイ》你有《ニィヨゥ》几《ジィ》分《フェン》你去《ニィチュイ》
wèn wǒ ài nǐ yǒu duō shēn wǒ ài nǐ yǒu jǐ fēn nǐ qù
F Dm Gm7 F
想《シャン》一想《イシャン》你去《ニィチュイ》看《カン》一看《イカン》月亮《ユエリャン》代《ダイ》表我《ビャオウォ》的《ディ》心《シン》何不《ホォブ》
xiǎng yi xiǎng nǐ qù kàn yi kàn yuè liang dài biǎo wǒ dì xīn hé bù
F Dm Gm7 F
想《シャン》一想《イシャン》何不《ホォブ》看《カン》一看《イカン》月亮《ユエリャン》代《ダイ》表我《ビャオウォ》的《ディ》心《シン》
xiǎng yi xiǎng hé bù kàn yi kàn yuè liang dài biǎo wǒ dì xīn

## 曲目の説明

この曲は、台湾の翁清渓作曲、孫儀作詞によるもので、歌手テレサ・テンにより歌唱されました、香港で大ヒット。中国では“春節連歓晩会”（日本の紅白歌合戦に匹敵）で歌われて90年代に大流行しました。

1995年（平成7年）5月8日ニューヨークに流れるテレサ・テンの訃報、そのときBGMとなったのが、この「月《ユエ》亮《リャン》代《ダイ》表《ビャオ》我《ウオ》的《ティ》心《シン》」でした。この曲は、テレサ・テンの数あるレパートリーの中で、ひときわ香港人に愛された曲であり、香港映画では主題歌や挿入歌としてよく使われます。日本でも、カラオケで人気のある曲です。

## 歌のアドバイス

中国では、月は美しさと純潔を象徴するものです。自分の心を月にたとえ、美しく感動的な恋愛歌になっており、静かで柔らかな雰囲気が漂っています。

(1)の歌い出しは、恋心を淡々とメロディーに込めます。

(2)のメロディーは(1)の繰り返しですが、もっと気持ちを高めて歌います。

(3)は、この曲のメロディーが変わる部分なので、丁寧に美しく、昔の恋心を思い出すような雰囲気で歌います。

(4)のメロディーは(1)、(2)と同じですが、自分の気持ちを最後まで強く込めて歌いましょう。

## 「嫦娥」（チャンオ）

私が幼いころ、ちょうど文化大革命の時代には多くのことが禁止されました。恋愛もそのひとつです。しかし、恋心は意識せずとも若者に訪れます。

高校生のとき、教室の私の机の中に、手書きの「古代美人画」を１枚見つけました。周りを見回すと真っ赤な顔をして私を見ている同級生がいました。期せずして目線が合い、お互いに赤い顔をしながら見つめ合ったのです。

卒業後、私は住み慣れた町を離れることになりました。そして、ある日、満月の前夜、その同級生から、彼の名前が彫られた万年筆を手渡されました。心が通い合っていた二人でしたが、言葉を交わすこともなく、手をつなぎあうこともなく、ただ満月を眺めていただけでした。

その後、私は彼と出会うこともありませんでしたが、彼の「真っ赤な顔」は今でも忘れることのない良い思い出に変わっています。今思うと、あの晩の満月が最も美しく純粋なものに感じます。おそらく私は「嫦娥」（じょうが。月に住むと言われる中国の伝説上の仙女）の気持ちになっていたのでしょう。

現実の世の中で仕事に追われ多忙な人々も、かつて「嫦娥」のような気持ちになったことがあるかと思います。満月の日は必ず月を眺めましょうね。

# 2 夜《イエ》来《ライ》香《シャン》／いえらいしゃん

Yè lái xiāng

CD-2

## 中国語歌詞

那《ナァ》南《ナン》风《フォン》吹《チュイ》来《ライ》清《チン》凉《リャン》
Nà nán fēng chuī lái qīng liáng
さわやかに南風が吹く

那《ナァ》夜《イエ》莺《イン》啼《ティ》声《ション》凄《チィ》沧《ツァン》
nà yè yīng tí shēng qī cāng
悲愴な声で夜鶯が鳴く

月《ユエ》下《シャ》的《ディ》花《ホア》儿《アル》都《ドォウ》入《ルゥ》梦《モン》　只《ヅ》有《ヨゥ》那《ナァ》夜《イエ》来《ライ》香《シャン》
yuè xià dì huā r dōu rù mèng　zhǐ yǒu nà yè lái xiāng
月下の花はすべてが夢の中　ただ一つ“夜来香”が咲く

吐《トゥ》露《ルゥ》着《ヅォ》芬《フェン》芳《ファン》
tǔ lù zhe fēn fāng
芳ばしい香を放っている

我《ウォ》爱《アイ》这《ヅォ》夜《イエ》色《スォ》茫《マン》茫《マン》　也《イエ》爱《アイ》这《ヅォ》夜《イエ》莺《イン》歌《グゥ》唱《チャン》
wǒ ài zhè yè sè máng máng　yě ài zhè yè yīng gē chàng
私はこの夜の景色が好き　この夜鶯の歌も好き

更《ゲン》爱《アイ》那《ナァ》花《ホア》一《イ》般《バン》的《ディ》梦《モン》　拥《ヨン》抱《バォ》着《ヅォ》夜《イエ》来《ライ》香《シャン》
gèng ài nà huā yì bān dì mèng　yōng bào zhe yè lái xiāng
さらに花のような夢も好き　“夜来香”を抱きしめて

吻《ウェン》着《ヅォ》夜《イエ》来《ライ》香《シャン》
wěng zhe yè lái xiāng
“夜来香”にくちづけする

夜《イエ》来《ライ》香《シャン》我《ウォ》为《ウェイ》你《ニィ》歌《グゥ》唱《チャン》
yè lái xiāng wǒ wèi nǐ gē chàng
“夜来香”きみのために歌う

夜《イエ》来《ライ》香《シャン》我《ウォ》为《ウェイ》你《ニィ》思《ス》量《リャン》
yè lái xiāng wǒ wèi nǐ sī liàng
“夜来香”きみのために思い巡らす

啊《ア》 我《ウォ》为《ウェイ》你《ニィ》歌《グゥ》唱《チャン》
ā wǒ wèi nǐ gē chàng
あ きみのために歌う

我《ウォ》为《ウェイ》你《ニィ》思《ス》量《リャン》
wǒ wèi nǐ sī liàng
きみのために思い巡らす

夜《イエ》来《ライ》香《シャン》夜《イエ》来《ライ》香《シャン》夜《イエ》来《ライ》香《シャン》
yè lái xiāng yè lái xiāng yè lái xiāng
夜来香、夜来香、夜来香

## 語句

那《ナア》(nà)：あの、あれ
风《フォン》(fēng)：風
吹《チュイ》(chī)：吹く
清《チン》凉《リャン》(qīng liáng)：さわやかな
啼《ティ》声《ション》(tí shēng)：鳴く声
凄《チィ》沧《ツァン》(qī cāng)：ものさびしい
都《ドォウ》(dōu)：全部
梦《モン》(mèng)：夢
只《ヅ》有《ヨウ》(zhǐ yǒu)：しか〜ない
夜《イエ》来《ライ》香《シャン》(yè lái xiāng)：花の名、月下美人（夜に咲く白い花のこと）
吐《トゥ》露《ルウ》(tǔ lù)：語る、放つ
芬《フェン》芳《ファン》(fēn fāng)：花の芳ばしい香
这《ヅォ》(zhè)：この、これ
茫《マン》茫《マン》(máng máng)：果てしがない様子
也《イエ》(yě)：〜も
更《ゲン》(gèng)：さらに
一《イ》般《バン》(yì bān)：同じ
拥《ヨン》抱《バオ》(yōng bào)：抱擁する
着《ヅォ》(zhe)：〜している
为《ウェイ》(wèi)：〜のために
思《ス》量《リャン》(sī liàng)：思いを巡らす、考える

# 夜《イエ》来《ライ》香《シャン》

Yè lái xiāng

黎錦光　作詞·作曲

B♭ E♭ B♭
香《シャン》 我《ウォ》 为你《ウェイニィ》 歌《グゥ》 唱《チャン》 夜《イエ》 来《ライ》
xiāng wǒ wèi nǐ gē chàng yè lái
Gm7 Dm7 F7 B♭ F7
香《シャン》 我《ウォ》 为你《ウェイニィ》 思《ス》 量《リャン》 啊《ア》
xiāng wǒ wèi nǐ sī liàng a
B♭ Gm B♭ E♭ F7 B♭
我《ウォ》 为你《ウェイニィ》 歌《グゥ》 唱《チャン》 我《ウォ》 为你《ウェイニィ》 思《ス》 量《リャン》
wǒ wèi nǐ gē chàng wǒ wèi nǐ sī liàng
B♭ B♭
夜《イエ》 来《ライ》 香《シャン》 夜《イエ》 来《ライ》 香《シャン》
yè lái xiāng yè lái xiāng
F7 B♭
夜《イエ》 来《ライ》 香《シャン》
yè lái xiāng

## 日本語歌詞

日本語訳詞：佐伯孝夫

あわれ春風に　嘆くうぐいすよ
月に切なくも　匂う夜来香
この香りよ
長き夜の泪　唄ううぐいすよ
恋の夢消えて　残る夜来香
この夜来香
夜来香　白い花　夜来香　恋の花
ああ　胸痛く　唄かなし
夜来香　夜来香　夜来香

### 曲目の説明

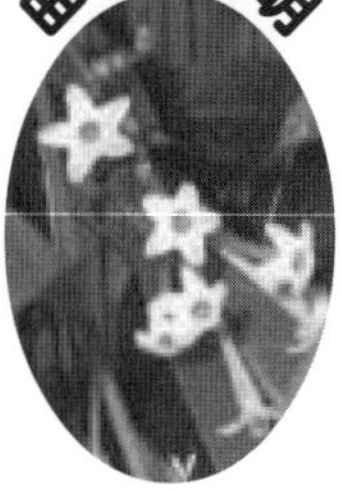

黎錦光（リィチィンクワン）の作詞・作曲により1944年（昭和19年）に発表され、李香蘭（リコウラン）よって歌われたものです。1940年代後半にはすでに中国の都市部を中心に広く流行していました。黎錦光は、中国で最も有名な音楽家である黎錦暉（リィチィンホイ）を兄に持ち、兄が営む児童歌劇団の作曲家をしていました。

夜来香の歌詞の内容は、月の下で小鳥のすすり泣く声を聞き、花（夜来香：夜になると強い匂いを発する花）を眺めながら悲しんでいるというものです。メロディーは中国の民族音楽と西洋音楽とが結合されたもので、リズムはルンバ調です。渡辺はまこ、テレサ・テンもこの曲をレパートリーのひとつとし日本でも広く歌われた事でも有名です。

## 歌のアドバイス

リズムがルンバ調ですから、どんどん引っ張っていくようなつもりで歌っていくことが大事です。前半は情景描写。自然に悲しい恋心がふくらみます。後半の「夜来香《イエライシャン》　我为你《ウォウェイニイ》　歌唱《グゥチャン》」は、切々と歌いながら気持ちを高め、最後の「夜来香《イエライシャン》　夜来香《イエライシャン》　夜来香《イエライシャン》」で静かに余韻を残すように歌い上げます。

## 歴史の証人

「夜来香」といえば、李香蘭を思い出します。

1996年、私は上海から南京行きの列車の中で偶然に李香蘭に出会いました。彼女は、大きな声で標準語の北京語を流ちょうに話していました。誰が見ても彼女は中国人に見えました。

ご承知の方も多いと思いますが、当時、満州国による国策映画に出演させられた李香蘭は、女優、歌手として人気をはくしましたが、彼女は満州国に利用されていたのです。

1945年、彼女は中国の軍事裁判により「漢奸」（売国奴）の罪で死刑を宣告されます。もし日本国籍の証明書が無かったならば、李香蘭はこの世にいなかったでしょう。

当時の映画主題歌「夜来香」は、半世紀を越えて今でも皆から親しまれています。劇団四季の「ミュージカル　李香蘭」は、日中正常化20周年記念事業（1991年）として中国、日本で公演され、日本ではこれまでに600回以上も公演されています。私も公演を観賞しましたが、「若い世代の人たちに、当時の日本を知って欲しいと痛切に感じます」と語る李香蘭を見て、愛する二つの祖国（中国生まれ・育ちの日本人）の間で揺れる複雑な心境に大変感動しました。私も来日して数年になります。日本の山、水、人、物に愛着を感じるからこそ、李香蘭の心境に共鳴します。

「夜来香」は悲しい恋心を歌っている一方で、悲しい歴史を私たちに教えてくれます。

# 3 何《ホゥ》日《ルィ》君《ジュン》再《ヴァイ》来《ライ》／いつの日君かえる

Hé rì jūn zài lái

CD-3

## 中国語歌詞

(1) 好《ハオ》花《ホア》不《ブ》常《チャン》开《カイ》 好《ハオ》景《ジン》不《ブ》常《チャン》在《ヴァイ》

Hǎo huā bù cháng kāi hǎo jǐng bù cháng zài

花はいつも咲いているとは限らない きれいな景色がいつもあるとは限らない

愁《ツォウ》堆《ドイ》解《ジェ》笑《シャオ》媚《メイ》 泪《レイ》洒《サァ》相《シャン》思《ス》带《ダイ》

chóu duī jiě xiào mèi lèi sǎ xiāng sī dài

愁いが積もって 笑顔が消える 二人の思い出を想い 涙を流す

今《ジン》宵《シャオ》离《リ》别《ビエ》后《ホゥ》 何《ホゥ》日《ルィ》君《ジュン》再《ヴァイ》来《ライ》

jīn xiāo lí bíe hòu hé rì jūn zài lái

今宵別れたら いつまた会えるの

喝《ホゥ》完《ワン》了《リャオ》这《ヅォ》杯《ベイ》 请《チン》进《ジン》点《ディェン》小《シャオ》菜《ツァイ》

hē wán liǎo zhè bēi qǐng jìn diǎn xiǎo cài

この杯を飲み乾して 少し食べましょう

人《レン》生《ション》难《ナン》得《ダ》几《ジィ》回《ホゥェイ》醉《ヅュイ》 不《ブ》欢《ホワン》更《ゲン》何《ホゥ》待《ダイ》

rén shēng nán dé jǐ huí zuì bù huān gèng hé dài

人生で酔いしれることなんてあまりない 楽しむのは今

[来《ライ》来《ライ》来《ライ》喝《ホゥ》完《ワン》了《ラ》这《ヅォ》杯《ベイ》再《ヴァイ》说《シュオ》吧《バァ》]

lái lái lái hē wán le zhè bēi zài shuō ba

さあ、話はもういい 杯をほしましょう

今《ジン》宵《シャオ》离《リ》别《ビエ》后《ホゥ》 何《ホゥ》日《ルィ》君《ジュン》再《ヴァイ》来《ライ》

jīn xiāo lí bíe hòu hé rì jūn zài lái

今宵別れたら いつまた会える

**(2)** 停《ティン》唱《チャン》阳《ヤン》关《グァン》叠《ディエ》　重《ツォン》擎《チン》白《バイ》玉《ユイ》杯《ベイ》

Tíng chàng yáng guān dié　chóng qíng bái yù bēi

別れの歌をやめて　さらに玉杯を上げましょう

殷《イン》勤《チン》频《ピン》致《ヅ》语《ユイ》　牢《ラオ》牢《ラオ》捂《ウ》君《ジュン》怀《ホァイ》

yīn qín pín zhì yǔ　láo láo wǔ jūn huái

語り尽くせないことがある　あなたのことはしっかりと胸にとどめておきます

今《ジン》宵《シャオ》离《リ》别《ビエ》后《ホゥ》　何《ホゥ》日《ルィ》君《ジェン》再《ヴァイ》来《ライ》

jīn xiāo lí bié hòu　hé rì jūn zài lái

今宵別れたら　いつまた会えるの

喝《ホゥ》完《ワン》了《リャオ》这《ヅォ》杯《ベイ》　请《チン》进《ジン》点《ディェン》小《シャオ》菜《ツァイ》

hē wán liǎo zhè bēi　qǐng jìn diǎn xiǎo cài

この杯を飲みほして　少し食べましょう

人《レン》生《ション》难《ナン》得《ダ》几《ヅィ》回《ホゥエイ》醉《ヅュイ》　不《ブ》欢《ホヮン》更《ゲン》何《ホゥ》待《ダイ》

rén shēng nán dé jǐ huí zuì　bù huān gèng hé dài

人生で酔いしれることなんてあまりない　楽しむのは今

[唉《アイ》!　再《ヴァイ》喝《ホゥ》一《イ》杯《ベイ》干《ガン》了《ラ》吧《バァ》]

ài zài hē yì bēi gān le ba

さあ、もう一杯をほしましょう

今《ジン》宵《シャオ》离《リ》别《ビエ》后《ホゥ》　何《ホゥ》日《ルィ》君《ジュン》再《ヴァイ》来《ライ》

jīn xiāo lí bíe hòu　hé rì jūn zài lái

今宵別れたら　いつまた会える

# 何《ホゥ》日《ルィ》君《ジュン》再《ヴァイ》来《ライ》
Hé rì jūn zài lái

贝 林 作詞
劉雪庵 作曲

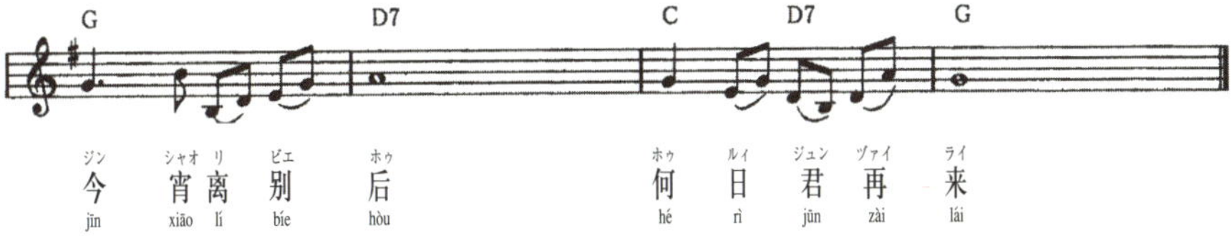




## 語句

不《ブ》(bù)：しない
常《チャン》(cháng)：常に、いつも
开《カイ》(kāi)：開く、咲く
在《ヅァイ》(zài)：いる、～している
愁《ツォウ》(chóu)：心配する
堆《ドゥイ》(duī)：積み上げる
解《ジェ》(jiě)：解く、ほどく
笑《シャオ》 媚《メ》(xiào mèi)：笑顔
泪《レイ》 洒《サァ》(lèi sǎ)：涙を流す
相《シャン》 思《ス》(xiāng sī)：慕い合う、思い合う
带《ダイ》(dài)：身に付けるもの、おび
今《ジン》 宵《シャオ》(jīn xiāo)：今夜
离《リ》 别《ビエ》(lí bié)：離別する
后《ホウ》(hòu)：後～してから
何《ホゥ》 日《ルイ》(hé rì)：いつの日か
再《ヅァイ》 来《ライ》(zài lái)：再びくる
喝《ホゥ》(hē)：飲む
进《ジン》 点《ディエン》(jìn diǎn)：少し進む
小《シャオ》 菜《ツァイ》(xiǎo cài)：おかず
难《ナン》 得《ダ》(nán dé)：得がたい
不《ブ》 欢《ホワン》(bù huān)：楽しくない
阳《ヤン》 关《グァン》 叠《ディエ》(yáng guān dié)：阳《ヤン》 关《グァン》は関所のこと、叠《ディエ》は積み重ねる。「阳关三叠」は友人と別れるときによく歌われる。
重《ツォン》 擎《チン》(chóng qíng)：再び持ち上げる
殷《イン》 勤《チン》(yīn qín)：慇懃な
频《ピン》(pín)：ひっきりなしに
致《ヅィ》 语《ユイ》(zhì yǔ)：言葉を贈る
牢《ラオ》(láo)：しっかりする
捂《ウ》(wǔ)：押さえる
君《ジュン》 怀《ホアイ》(jūn huái)：あなたの胸
唉《アイ》(ài)：さあ（掛け声）

## 日本語歌詞

日本語訳詞：長田恒雄

(1) 忘れられない　あの面影よ
ともしび揺れる　この霧の中
二人並んで　寄り添いながら
ささやきも　ほほえみも
楽しくとけ合い　過ごしたあの日
ああ　いとしの君
いつ又かえる　何日君再来

(2) 忘れられない　思い出ばかり
別れて今は　この並木道
胸に浮かぶは　君の面影
思い出を　抱きしめて
ひたすら待つ身の　わびしいこの日
ああ　いとしの君
いつ又かえる　何日君再来

### 曲目の説明

1936年（昭和11年）、劉雪庵（リュウシェイエン）の作曲で、同級生との別れの際に作られたピアノ曲でした。当初、歌詞はありませんでしたが、1937年（昭和12年）贝林（ペイリン）の作詞により、芸華映画会社の歌劇「三星伴月（サンシンパンユェ）」のテーマソングになるとともに、1939年（昭和14年）映画「孤島天堂」のテーマソングとして大流行となりました。

なお、長田恒雄訳詞の日本語歌詞は、中国語歌詞と内容が異なっています。

## 歌のアドバイス

リズムはタンゴ調ですが、朗読するような感じあり、リズムに乗って言葉にやさしく触れていくような感じで歌うと良いでしょう。恋人と話すように、最初はささやくように歌い進め、「人《レン》生《スォン》难《ナン》得《ドゥ》几《ジイ》回《ホゥエイ》醉《ツォイ》不《ブゥ》欢《ホァ》更《グン》何《ホウ》待《ダイ》」のところでは、意識して気持ちを前に押し出します。“人生で酔いしれることなんてあまりない、楽しむのは今”という恋心を切なく、ため息のような朗読調で歌います。最後は哀愁が自然ににじみ出てくるような仕上がりで終わります。

## 何日“君”再来

1949年に今の中国、すなわち中華人民共和国が成立した後に、「何日君再来」は禁止された歌の一つになります。当時の中国社会では、退廃的な事柄を「黄色」と呼び、この曲も「黄色」であるとされました。

この曲は1940年代の戦乱期の流行曲ですが、曲名にもある“君”は中国語では「軍」と同じ発音〔jūn〕です。この「軍」は、日本軍や国民党軍を想像させるものとして「黄色」のレッテルがはられたものです。

台湾のスター歌手「鄧麗君」（テレサ・テン）は、この曲「何日君再来」をよく唱っていましたが、改革開放が始まる前の時代であったため鄧麗君の歌は禁止されていました。1980年代後半になり、鄧小平の改革開放路線によって音楽界も一気に開放され、西洋や香港、台湾などの音楽が自由に流れてくるようになります。鄧麗君の「何日君再来」も中国で流れるようになりました。ただし、この曲は今でもまだ中国国内での公演や出版にあたっては、慎重に扱われるところがあるようです。

私個人としては、“君”は「恋人」や「友人」という意味合いが最も適切と思います。この曲が純粋に愛情物語であるからこそ、半世紀にもわたり人々から愛唱されているのではないでしょうか。歌詞の内容を「人生は無常であるからこそ、良い時期を大切にしましょう」というように解釈し、人々は再び会えると信じ、出会いを大切にしていきたいと思います。

# 4 草《ツァオ》原《ユアン》情《チン》歌《グゥ》／そうげんじょうか

Cǎo yuán qíng gē

CD-4

## 中国語歌詞

（1）在《ヅァイ》那《ナァ》遥《ヤオ》远《ユエン》的《ディ》地《ディ》方《ファン》　有《ヨウ》位《ウェイ》好《ハオ》姑《グゥ》娘《ニャン》

Zài nà yáo yuǎn dì dì fāng　yǒu wèi hǎo gū niang

はるか離れたところに　きれいな娘がいる

人《レン》们《メン》走《ゾォ》过《グォ》她《タ》的《ディ》帐《ヴァン》房《ファン》

rén mén zǒu guò tā dì zhàng fáng

人々は彼女のボーの家の前を通り過ぎる

都《ドォウ》要《ヤオ》回《ホゥエイ》头《トォ》留《リュウ》恋《リェン》地《ディ》张《ヴァン》望《ウワン》

dōu yào huí tóu liú liàn dì zhāng wàng

皆なごり惜しく振り返って見る

（2）她《タ》那《ナァ》粉《フェン》红《ホン》的《ディ》小《シャオ》脸《リェン》　好《ハオ》象《シャン》红《ホン》太《タイ》阳《ヤン》

Tā nà fěn hóng dì xiǎo liǎn　hǎo xiàng hóng tài yáng

ピンク色の小さいの笑顔は太陽のようだ

她《タ》那《ナァ》活《ホオ》泼《プオ》动《ドン》人《レン》的《ディ》眼《イエン》睛《ジン》

tā nà huó pō dòng rén dì yǎn jīng

人を感動させる瞳は

好《ハオ》象《シャン》晚《ワン》上《シャン》明《ミン》媚《メイ》的《ディ》月《ユエ》亮《リャン》

hǎo xiàng wǎn shàng míng mèi dì yuè liàng

明媚のお月様のようだ

（3）我《ウォ》愿《ユアン》抛《パオ》弃《チィ》了《リャオ》财《ツァイ》产《ツァン》跟《グン》她《タ》去《チュイ》放《ファン》羊《ヤン》

Wǒ yuàn pāo qì liǎo cái chǎn gēn tā qù fàng yáng

すべての財産を手放して　彼女と一緒に牧羊に行く

每《メイ》天《テェン》看《カン》着《ヅォ》她《タ》粉《フェン》红《ホン》的《ディ》笑《シャオ》脸《リェン》
měi tiān kàn zhe tā fěn hóng dì xiào liǎn
毎日彼女の笑顔と

和《ホウ》那《ナァ》美《メイ》丽《リ》金《ジン》边《ビェン》的《ディ》衣《イ》裳《シャン》
hē nà měi lì jīn biān dì yī shàng
ひらひらの衣裳を眺めていたい

(4) 我《ウォ》愿《ユアン》做《ヅォ》一《イ》只《ヅ》小《シャオ》羊《ヤン》 跟《グン》在《ヅァイ》她《タ》身《シェン》旁《パン》
wǒ yuàn zuò yì zhī xiǎo yáng gēn zài tā shēn páng
僕は幼羊になり　いつも彼女のそばにくっついていく

我《ウォ》愿《ユアン》她《タ》拿《ナァ》着《ヅォ》细《シ》细《シ》的《ディ》皮《ピィ》鞭《ビェン》
wǒ yuàn tā ná zhe xì xì dì pí biān
彼女の細いむちが絶えず

不《ブ》断《ドゥアン》轻《チン》轻《チン》打《ダ》在《ヅァイ》我《ウオ》身《シェン》上《シャン》
bù duàn qīng qīng dǎ zài wǒ shēn shàng
そっとそっと我が身に落ちておくれ

## 語句

遥《ヤオ》远《ユェン》(yáo yuǎn)：はるかに遠い
姑《グゥ》娘《ニャン》(gū niang)：娘
走《ヅォ》过《グォ》了《リャオ》(zǒu guò liǎo)：通り過ぎる
帐《ヴァン》房《ファン》(zhàng fáng)：ボー遊牧民族の家
都《ドォウ》要《ヤオ》(dōu yào)：みんな～します
回《ホゥェイ》头《トォ》(huí tóu)：振り返る
留《リュウ》恋《リェン》(liú liàn)：なごり惜しむ
张《ヴァン》望《ウワン》(zhāng wàng)：遠くを見回す
粉《フェン》红《ホン》(fěn hóng)：ピンク色
小《シャオ》脸《リェン》(xiǎo liǎn)：小さい顔
好《ハオ》象《シャン》(hǎo xiàng)：～のようである
活《ホオ》泼《プオ》(huó pō)：いきいきしている
动《ドン》人《レン》(dòng rén)：人を感動させる
眼《イエン》睛《ジン》(yǎn jīng)：瞳
愿《ユアン》(yuàn)：～したい、願う
抛《パオ》弃《チ》(pāo qì)：投げ捨てる、放り出す
跟《グン》(gēn)：ついていく
金《ジン》边《ビェン》(jīn biān)：金色の縁
衣《イ》裳《シャン》(yī shàng)：衣服
拿《ナァ》(ná)：持つ
不《ブ》断《ドゥアン》(bù duàn)：絶えず
打《ダ》(dǎ)：打つ

# 草《ツァオ》原《ユアン》情《チン》歌《グゥ》

Cǎo yuán qíng gē

青海民謡
王洛賓　作詞·作曲

## 日本語歌詞

日本語訳詞：劉俊南

(1) はるか離れた　そのまたむこう
誰にでも好かれる　きれいな娘がいる

(2) 明るい笑顔　お日さまのよう
くりくりかがやく目は　お月さまのよう

(3) お金もたからも　なんにもいらない
毎日その笑顔　じっとみつめていたい

(4) 山羊にでもなって　一緒に居たい
毎日あのむちで　私をたたいておくれ

### 曲目の説明

中国西部地方の青海省に広がる標高3000m級の青蔵高原で放牧生活を営む青年の恋心を歌った曲です。王洛賓（ワンルアピン）が1939年（昭和14年）にカザフ民謡を取り入れて作曲したもので、大草原で放牧を営むカザフ族の音楽の特徴が表現されています。

中国では恋愛の歌を情歌といい、この曲は一般には「草原情歌」といわれていますが、中国では歌詞の冒頭部分をとり「在那遙遠的地方」（はるか遠くで）という曲名でも呼ばれています。

中国の代表的な民謡の一つですが、日本でも1950年（昭和25年）代に“うたごえ喫茶”などで学生の間で根強く歌い継がれてきました。

## 歌のアドバイス

　この曲は、広い草原で羊を追いかける牧羊女の美しい姿を想像しながら、恋心を前面に出して、優美に静かに叙情的にゆったり歌いましょう。

　息の流れを切らさないようにすることが大事です。たっぷりと長い息で包み込むように歌って下さい。

## 民謡、永遠の感動

　私は音楽の勉強を始めて以来、多くの歌曲、オペラ、オーケストラなどを聴きましたが、その中でも民謡は最も関心を持つ分野です。

　民謡は、一つの国や地方、一つの民族から生まれ、それぞれ独特で純粋な魂を持っています。作曲者は一つひとつの民族の祖先であり、そのあとに続く世代世代が伝唱し、音楽史の宝として残っていきます。

　「草原情歌」は、もともと々、新疆《しんきょう》ウイグル自治区カザフ遊牧民族の民謡ですが、現在では青海民謡とされているのはなぜでしょうか。

　1930年代、新疆地域のカザフ族は当時の統治者から追われて隣の青海省に逃れます。編曲者王洛賓（1922～1996）は1939年、青海省から来た女子音大生と出合いますが、彼女の歌うメロディーを採譜し「草原情歌」が誕生したといういきさつがあります。そこでこのカザフ族の民謡は「青海民謡」と呼ばれ、青海省で広まっているのです。

　歌詞は中国西北部の高原で遊牧生活をする少数民族の男性が、遠い村に住む美しい牧羊の娘に想いをよせ、娘のそばにいる羊にもなりたいと思う気持ちを歌っています。なんともロマンティックですね。

　日本では、台湾出身の留学生、劉俊南が広い中国への憧れを日本語に訳して歌いました。当時のうたごえ喫茶で学生を中心に広く愛唱されました。日本で歌われるメロディーは中国のものと少し違いますが、日本の小学校の教科書にその曲は収録されています。

# 5 茉《モ》莉《リ》花《ホア》／ジャスミンの花
Mò lì huā

CD-5

## 中国語歌詞

(1) 好《ハオ》一《イ》朵《ドゥオ》茉《モ》莉《リ》花《ホア》 好《ハオ》一《イ》朵《ドゥオ》茉《モ》莉《リ》花《ホア》
Hǎo yì duǒ mò lì huā hǎo yì duǒ mò lì huā
一輪のきれいなジャスミンの花　一輪のきれいなジャスミンの花

满《マン》园《ユァン》花《ホア》草《ツァオ》香《シャン》也《イエ》香《シャン》不《ブ》过《グォ》它《タ》
mǎn yuán huā cǎo xiāng yě xiāng bú guò tā
庭園の中のどの草木や花も　この香りくらいすばらしいものはない

我《ウォ》有《ヨゥ》心《シン》采《ツァイ》一《イ》朵《ドゥオ》戴《ダイ》
wǒ yǒu xīn cǎi yì duǒ dài
私は　一輪摘んで身に飾りたいけど

看《カン》花《ホア》的《ディ》人《レン》儿《アル》要《ヤオ》将《ジャン》我《ウォ》骂《マ》
kàn huā dì rén r yào jiāng wǒ mà
花園の番人にしかられないかしら

(2) 好《ハオ》一《イ》朵《ドゥオ》茉《モ》莉《リ》花《ホア》 好《ハオ》一《イ》朵《ドゥオ》茉《モ》莉《リ》花《ホア》
Hǎo yì duǒ mò lì huā hǎo yì duǒ mò lì huā
一輪のきれいなジャスミンの花　一輪のきれいなジャスミンの花

茉《モ》莉《リ》花《ホア》开《カイ》雪《シュエ》也《イエ》白《バイ》不《ブ》过《グォ》它《タ》
mò lì huā kāi xuě yě bái bú guò tā
ジャスミンの花が咲き誇れば　白い雪もかなわない

我《ウォ》有《ヨゥ》心《シン》采《ツァイ》一《イ》朵《ドゥオ》戴《ダイ》 又《ヨウ》怕《パ》旁《パン》人《レン》笑《シャオ》话《ホア》
wǒ yǒu xīn cǎi yì duǒ dài yòu pà páng rén xiào huà
私は　一輪摘んで身に飾りたいけど、人に笑われないかしら

(3) 好《ハオ》一《イ》朵《ドゥオ》茉《モ》莉《リ》花《ホア》 好《ハオ》一《イ》朵《ドゥオ》茉《モ》莉《リ》花《ホア》

Hǎo yì duǒ mò lì huā hǎo yì duǒ mò lì huā

一輪のきれいなジャスミンの花　一輪のきれいなジャスミンの花

满《マン》园《ユァン》花《ホア》开《カイ》比《ビ》也《イエ》比《ビ》不《ブ》过《グォ》它《タ》

mǎn yuán huā kāi bǐ yě bǐ bú guò tā

庭園の中のどんな花も　他と比べられないほどすばらしい

我《ウォ》有《ヨゥ》心《シン》采《ツァイ》一《イ》朵《ドゥオ》戴《ダイ》

wǒ yǒu xīn cǎi yì duǒ dài

私は　一輪摘んで身に飾りたいけど

又《ヨゥ》怕《パ》来《ライ》年《ニェン》不《ブ》发《ファ》芽《ヤ》

yòu pà lái nián bù fā yá

来年　芽が出なかったらどうしようかしら

我《ウォ》有《ヨゥ》心《シン》采《ツァイ》一《イ》朵《ドゥオ》戴《ダ》 又《ヨゥ》怕《パ》来《ライ》年《ニェン》不《ブ》发《ファ》芽《ヤ》

wǒ yǒu xīn cǎi yì duǒ dài yòu pà lái nián bù fā yá

私は　一輪摘んで身に飾りたいけど　来年　芽が出なかったらどうしようかしら

日本語訳詞：呉越華

## 語句

满《マン》园《ユァン》(mǎn yuán)：庭園中

香《シャン》不《ブ》过《グォ》(xiāng bú guò)：
この香りを越えるすばらしいものはない

有《ヨゥ》心《シン》(yǒu xīn)：～したいと思う

采《ツァイ》一《イ》朵《ドゥオ》(cǎi yì duǒ)：一輪を摘み取る

戴《ダイ》(dài)：かぶる

看《カン》花《ホア》的《ディ》人《レン》(kàn huā dì rén)：
花を管理する人

将《ジャン》我《ウォ》骂《マ》(jiāng wǒ mà)：私をしかる

花开《ホアカイ》(huā kāi)：花が咲く

白《バイ》不《ブ》过《グォ》(bái bú guò)：白さに及ばない

又《ヨゥ》(yòu)：さらに、また

怕《パ》(pà)：心配する

笑《シャオ》话《ホア》(xiào huà)：あざわらう

比《ビ》不《ブ》过《グォ》(bǐ bú guò)：
比べようものはない

发《ファ》芽《ヤ》(fā yá)：芽が出る

# 茉《モ》莉《リ》花《ホア》
Mò lì huā

江蘇民謡
何仿 作詞

MCSC.L-M/BK-PR/2005-H30

## 曲目の説明

この曲は、「小調」と呼ばれる中国民謡に属するもののうち最も有名なものです。「小調」は、都市部で生まれ、多くの地方に広められました。このため、曲名は同一ですが、メロディーが少し異なって伝わりながら、多くの地方に広まっていくことになりました。

ここに紹介する「茉莉花《モリホア》」は、江蘇省に伝わるものです。プッチーニのオペラ「トゥーランドット」の中で使われたことでも有名ですが、そのメロディーとは多少異なっています。

ジャスミンの花を摘もうかどうかを迷う少女の気持ちを唱う歌詞のなかに、恋心を打ち明けようかどうか迷う乙女心を表しています。

## 歌のアドバイス

メロディーが波のように起伏します。すばらしいジャスミンの花を見たときの興奮と、摘もうかどうかを恥じらう迷う恋心を表現するように歌います。

「好《ハオ》一《イ》朶《ドゥオ》茉《モ》莉《リ》花《ホア》」を繰り返すときは、高音で上昇させ気分を高め気持ちを込めます。心地よく柔らかに流れを作るように意識しましょう。

## 故郷の香

私は杭州に生まれました。古くからのことわざで「上に天堂あり、下に蘇杭あり」といわれています。中国江南の典型的な美しい風景といえば、蘇州と杭州を指します。蘇州も杭州も夏ごろにはジャスミンの花があたり一面に咲き誇ります。蘇州、杭州は緑茶の名産地ですが、ジャスミンの花の香と一緒になれば有名なジャスミンティーです。茉莉花茶は「花茶の冠」といわれ、中国十大名茶の一つです。

私は幼少のころ、民謡の「茉莉花」を自然に歌っていました。そして歌詞の中の江南娘と同じように茉莉花の香に誘惑されて、花畑から一輪ほどを摘み取ったことがあります。今思えば恥ずかしいことですが、花の香りに酔った楽しい思い出です。また、茉莉花を自宅で育てたこともありますが、茉莉花の香りには蚊を寄せ付けない効果があります。

ヨーロッパの芸術家にとって、はるか彼方の中国は常に神秘にあふれた魅力的な地域であって、江蘇省の民謡「茉莉花」はイギリスの訪中団に加わったバーロゥの著書のなかで紹介され、プッチーニがオペラ「トゥーランドット」で効果的に使用していることも忘れられません。中国をイメージさせる代表的な曲といえるでしょう。

私は「茉莉花」を演奏会でよく愛唱しますが、歌うときにジャスミンの香りが同時に漂えばいいなと思います。もちろんジャスミンティーも大好きで毎日楽しんでいます。故郷の香りに癒されます。

# 6 康《カン》定《ディン》情《チン》歌《グゥ》／こうていじょうか

Kāng dìng qíng gē

CD-6

## 中国語歌詞

（1）跑《パオ》马《マ》溜《リュウ》溜《リュウ》的《ディ》山《シャン》上《スァン》一《イ》朵《ドゥオ》溜《リュウ》溜《リュウ》的《ディ》云《ユン》哟《ヨ》

Pǎo mǎ liū liū dì shān shàng yì duǒ liū liū dì yún yō

跑馬山の上空に　真綿のような雲が浮かんでいる

端《ドゥアン》端《ドゥアン》溜《リュウ》溜《リュウ》的《ディ》照《ヅャオ》在《ヅァイ》 康《カン》定《ディン》溜《リュウ》溜《リュウ》的《ディ》城《チァン》哟《ヨ》

duān duān liū liū dì zhào zài kāng dìng liū liū dì chéng yō

康定の町の上に　きれいに映えわたっている

月《ユエ》亮《リャン》弯《ワン》弯《ワン》康《カン》定《ディン》溜《リュウ》溜《リュウ》的《ディ》城《チァン》哟《ヨ》

yuè liang wān wān kāng dìng liū liū dì chéng yō

月は三日月となり　康定の町を照らしている

（2）李《リ》家《ジア》溜《リュウ》溜《リュウ》的《ディ》大《ダ》姐《ジェ》人《レン》才《ツァイ》溜《リュウ》溜《リュウ》的《ディ》好《ハオ》哟《ヨ》

Lǐ jiā liū liū dì dà jiě rén cái liū liū dì hǎo yō

李家のお姉さんは　性格の良い娘さんなので

张《ジャン》家《ジア》溜《リュウ》溜《リュウ》的《ディ》大《ダ》哥《グゥ》 看《カン》上《シャン》溜《リュウ》溜《リュウ》的《ディ》她《タ》哟《ヨ》

zhāng jiā liū liū dì dà gē kàn shàng liū liū dì tā yō

張家の兄さんは　その娘をすっかり気に入りました

月《ユエ》亮《リャン》弯《ワン》弯《ワン》看《カン》上《シャン》溜《リュウ》溜《リュウ》的《ディ》她《タ》哟《ヨ》

yuè liang wān wān kàn shàng liū liū dì tā yō

月は三日月となり　その娘をすっかり気に入りました

（3）一《イ》来《ライ》溜《リュウ》溜《リュウ》的《ディ》看《カン》上《シャン》人《レン》才《ツァイ》溜《リュウ》溜《リュウ》的《ディ》好《ハオ》哟《ヨ》

Yì lái liū liū dì kàn shàng rén cái liū liū dì hǎo yō

一つ目は　人柄の良いのが気に入りました

二《アル》来《ライ》溜《リュウ》溜《リュウ》的《ディ》看《カン》上《シャン》 会《ホゥエイ》当《ダン》溜《リュウ》溜《リュウ》的《ディ》家《ジア》哟《ヨ》
èr lái liū liū dì kàn shàng huì dāng liū liū dì jiā yō
二つ目は　家のやりくり上手が気に入りました

月《ユエ》亮《リャン》弯《ワン》弯《ワン》会《ホゥエイ》当《ダン》溜《リュウ》溜《リュウ》的《ディ》家《ジア》哟《ヨ》
yuè liang wān wān huì dāng liū liū dì jiā yō
月は三日月となり　家のやりくり上手が気に入りました

(4) 世《ス》间《ジェン》溜《リュウ》溜《リュウ》的《ディ》女《ニウ》子《ズ》任《レン》我《ウォ》溜《リュウ》溜《リュウ》的《ディ》爱《アイ》哟《ヨ》
Shì jiān liū liū dì nǚ zǐ rèn wǒ liū liū dì ài yō
世の中すべての娘さん　遠慮しないで愛しなさい

世《ス》间《ジェン》溜《リュウ》溜《リュウ》的《ディ》男《ナン》子《ズ》 任《レン》你《ニィ》溜《リュウ》溜《リュウ》的《ディ》求《チィウ》哟《ヨ》
shì jiān liū liū dì nán zǐ rèn nǐ liū liū dì qiú yō
世の中すべての男たちよ　思いのままに求めなさい

月《ユエ》亮《リャン》弯《ワン》弯《ワン》任《レン》你《ニィ》溜《リュウ》溜《リュウ》的《ディ》求《チィウ》哟《ヨ》
yuè liang wān wān rèn nǐ liū liū dì qiú yō
月は三日月となり　思いのままに求めなさい

注：(1)(2)(3)(4)は歌のアドバイスの説明有
日本語訳詞：呉越華

## 語句

跑《パオ》马《マ》(pǎo mǎ)：山の名前
溜溜《リュウリュウ》(liū liū)：すべすべした、なめらかな
云《ユン》(yún)：雲
哟《ヨ》(yō)：
おや、あら（軽い驚きを表す言葉）
端端《ドゥアンドゥアン》(duān duān)：正しい
照《ジャオ》(zhào)：映す
康定《カンディン》(kāng dìng)：四川省町の地名
弯《ワン》弯《ワン》(wān wān)：曲がる

看《カン》上《シャン》(kàn shàng)：見そめる
一《イ》来《ライ》(yī lái)：一つは
当《ダン》家《ジア》(dāng jiā)：家主
世《ス》间《ジェン》(shì jiān)：世の中
任《レン》(rèn)：任せる
求《チィウ》(qiú)：求める
姐《ジェ》(jiě)：お姉さん
哥《グゥ》(gē)：お兄さん

# 康《カン》定《ディン》情《チン》歌《グゥ》
Kāng dìng qíng gē

四川民謡
江定仙　作詞

MCSC.L-M/BK-PR/2005-H30

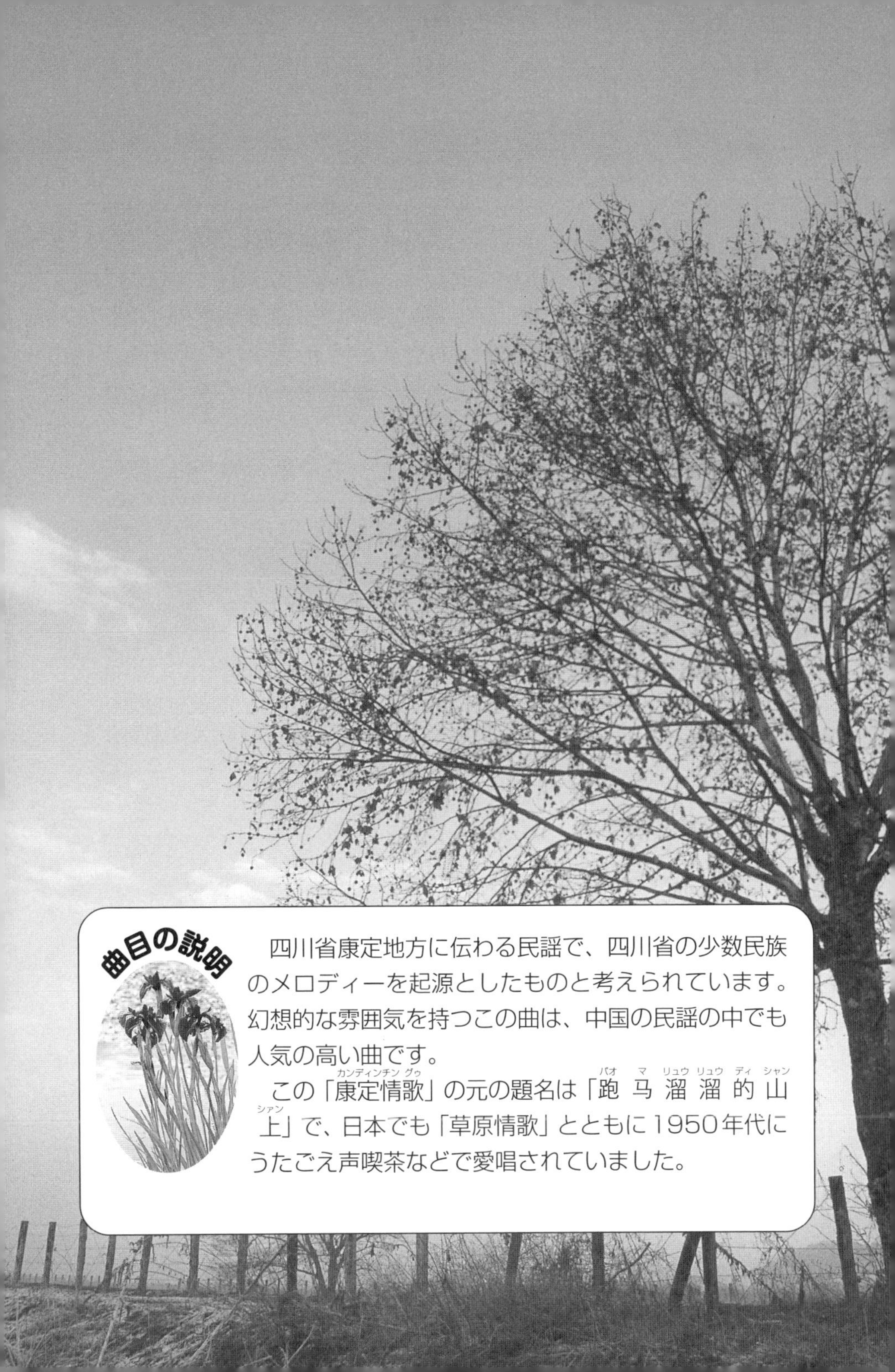

## 曲目の説明

四川省康定地方に伝わる民謡で、四川省の少数民族のメロディーを起源としたものと考えられています。幻想的な雰囲気を持つこの曲は、中国の民謡の中でも人気の高い曲です。

この「康定情歌《カンディンチングゥ》」の元の題名は「跑《パオ》 马《マ》 溜《リュウ》 溜《リュウ》 的《ディ》 山《シャン》 上《シャン》」で、日本でも「草原情歌」とともに1950年代にうたごえ声喫茶などで愛唱されていました。

## 歌のアドバイス

（1）は、跑马山《パオ マ シャン》の美しい情景を思い浮かべつつ、四小節の後は穏やかに、静かに歌います。

（2）（3）（4）は、素朴な愛情を表現するところなので、温かく明るい気持ちを入れます。「月《ユエ》亮《リャン》弯《ワン》弯《ワン》」の箇所はこの曲の中心で、繰り返し歌うところですから、柔らかく感情を込めて歌いましょう。

最後に、自由に恋愛を求める気持ちで感情を高めて歌い放ちます。

## 素朴に還る、自然に還る

「康定情歌《カンディンチン グゥ》」は中国四川省の民謡で、「草原情歌《ツァオユアンチングゥ》」と「茉莉花《モ リ ホア》」と同様に中国を代表する民謡です。ただし、曲の生まれた地方によってこれらの民謡は趣を異にします。息を長く歌い広い草原を表現する「草原情歌」、中国江南地方の韻律の柔らかい「茉莉花」ととは異なり、「康定情歌」は四川省西部の高原にある康定という町の素朴な男女の姿を表現しています。世の中の繁華な世界から遠く離れて、純朴で天真爛漫な恋心をありのままに歌っているのです。

歌詞は単純で自然です。山の上には雲があり、雲の下には町がある、町には好き合う人がいる、世のすべての娘たち、遠慮なく愛しなさい、世のすべての男たち、思いのままに求めなさい。中国西部の豪放さが出ています。曲の構成も一気呵《か》成《せい》、天衣無縫です。

今の世の中、繁華で文明的な先進の都市では社会問題がいろいろと生じています。失業率、離婚率の高まり、少子高齢化、犯罪の増加などがあります。若者は恋愛に臆病になり、自己中心的で目標がなく、社会的責任を果たそうとしません。見た目には物は豊富で何でもありますが、実は心の中は空虚で不安でいっぱいです。人と人の問題だけではなく、社会環境の問題もあるように思います。

素朴に還ること。自然に還ること。純朴な愛情を求め合うこと。これらは、忘れてはいけないことだと思います。単純で自然が一番安心です。

# 7 北《ベイ》风《フォン》吹《チュイ》／北風吹いて

Běi fēng chuī

CD-7

## 中国語歌詞

(1) 北《ベイ》风《フォン》那《ナァ》个《グゥ》吹《チュイ》 雪《シュエ》花《ホア》那《ナァ》个《グゥ》飘《ピャオ》
Běi fēng nà ge chuī xuě huā nà ge piāo
北風が吹いて 雪が舞い落ちる

雪《シュエ》花《ホア》儿《アル》那《ナァ》个《グゥ》飘《ピャオ》飘《ピャオ》 年《ニエン》来《ライ》到《ダオ》
xuě huā r nà ge piāo piāo nián lái dào
雪らは舞い お正月を迎える

(2) 爹《ディエ》出《チュウ》门《メン》去《チュイ》躲《ドゥオ》帐《ヴァン》 整《ジェン》七《チ》那《ナァ》个《グゥ》天《ティエン》
Diē chū mén qù duǒ zhàng zhěng qī nà ge tiān
父さんは借金払えず家を出て もう７日になる

三《サン》十《ス》儿《アル》那《ナァ》个《グゥ》晚《ワン》上《シャン》 还《ハイ》没《メイ》回《ホウェイ》还《ホアン》
sān shí r nà gé wǎn shàng hái méi huí huán
大晦日なのに まだ家に戻らない

(3) 大《ダ》婶《シェン》儿《アル》给《ゲイ》了《リャオ》 玉《ユイ》茭《ジャオ》子《ズ》面《ミェン》
Dà shěn r gěi liǎo yù jiāo zi miàn
おばさんからもらった とうもろこしの粉

我《ウォ》等《ドゥン》我《ウォ》的《ディ》爹《ディエ》爹《ディエ》 回《ホウェイ》家《ジァ》过《グォ》年《ニエン》
Wǒ děng wǒ dì diē die huí jiā guò nián
わたしは父さんが家に戻るの待って 年越しを一緒にしたい

(4) 我《ウォ》盼《パン》爹《ディエ》爹《ディエ》心《シン》中《ヴォン》急《ジィ》
Wǒ pàn diē die xīn zhōng jí
父さんを待ちこがれ 気をもんでいる

等《ドゥン》爹《ディエ》回《ホゥェイ》来《ライ》心《シン》欢《ホァン》喜《シ》
děng diē huí lái xīn huān xǐ
父さんが戻るのを待って心から喜びたい

爹《ディエ》爹《ディエ》带《ダイ》回《ホゥェイ》白《バイ》面《ミェン》来《ライ》
diē die dài huí bái miàn lái
父さんが小麦粉を持って戻ってきたら

欢《ホァン》欢《ホァン》喜《シ》喜《シ》过《グォ》个《グゥ》年《ニエン》
huān huān xǐ xǐ guò ge nián
喜び楽しく年を越したい

欢《ホァン》欢《ホァン》喜《シ》喜《シ》过《グォ》个《グゥ》年《ニエン》
huān huān xǐ xǐ guò ge nián
喜び楽しく年を越したい

日本語訳詞：呉越華

## 語句

那《ナァ》个《グゥ》(nà ge)：その
吹《チュイ》(chuī)：吹く
飘《ピャオ》(piāo)：ふわふわな、漂う
爹《ディエ》爹《ディエ》(diē die)：お父さん
出《チュウ》门《メン》(chū mén)：家を出る
躲《ドゥオ》(duǒ)：身体を隠す、隠れる
帐《ヅァン》(zhàng)：借金
整《ジェン》(zhěng)：ちょうど、かっきり
天《ティエン》(tiān)：一昼夜、日
三《サン》十《ス》儿《アル》(sān shír)：大晦日の日
还《ハイ》(hái)：まだ
没《メイ》(méi)：ない
回《ホゥェイ》还《ホァン》(huí huán)：戻る
给《ゲイ》(gěi)：与える
玉《ユイ》茭《ジャオ》子《ズ》(yù jiāo zi)：とうもろこし
面《ミェン》(miàn)：粉
等《ドゥン》(děng)：待つ
过《グォ》(guò)：越す、おくる
盼《パン》(pàn)：気をもむ、首長く待ち
急《ジィ》(jí)：急ぐ
欢《ホァン》喜《シ》(huān xǐ)：喜ぶ
带《ダイ》(dài)：連れる、持つ

# 北《ベイ》风《フォン》吹《チュイ》

Běi fēng chuī

賀敬之　作詞
張魯　　作曲

Am Bm7 Em D
欢《ホァン》 欢《ホァン》 喜《シ》 喜《シ》 过《グォ》 个《グゥ》 年《ニエン》
huān huān xǐ xǐ guò ge nián

## 曲目の説明

中国の有名なオペラ「白毛女（バイマォニ）」の中の一曲として、延安魯迅芸術学校の張魯（チャンルウ）により作曲され1945年（昭和20年）に初演されました。

中国では誰もが知っている愛唱歌であるとともに、ＮＨＫ中国語講座のテーマソングとして使用されたことから日本でもなじみのあるメロディーです。

## 歌のアドバイス

（1）、（2）、（3）は、最初の一小節が決め手です。高らかに歌い出て、ゆったりと感情を高め、叙情的に歌います。（4）は、リズムを替えて、早めに歌い進めていきます。自分の父親の帰りを待ちながら、「春節を一緒に楽しく過ごしたい」と願う気持ちを、しっかり感情を込めて歌いましょう。

## 中国のオペラ「白毛女」

中国では1917年の五四運動以来、大衆的な総合芸術としてのオペラが求められます。そして中国社会と民族的民間音楽の伝統、そして西洋オペラの表現形式が融合するなかで、延安魯迅芸術学院のグループ作品として「白毛女」（バィマァニ）が創作されました。民衆がヒロインと一体化した喜怒哀楽の共感を持つこともあり、映画化された「白毛女」も大ヒットとなりました。1950年「白毛女」は戦後の日本においておそらく初めて公開された中国映画となります。1951年にはソビエト・スターリン文学賞を受賞しています。バレエでも上演され、2002年日中友好30周年記念の上海バレエ団「白毛女」は一カ月間ほど日本で公演され、今でも人気の高い名作です。

物語は、次のようなものです。山西省の農民の楊白労（ヤンパイロー）は悪徳地主からの借金から逃げていましたが、1935年の大晦日、家に戻ろうとしたときに悪徳地主に殺されます。娘の喜児（シーアル）も自由と未来を奪われ、悪徳地主の横暴に不幸の限りを味わった娘は山へ逃げ、3年間の深い悲しみで白髪になり、「白毛女」と呼ばれるようになります。最後は八路軍に入ったかつての恋人と再会、力を合わせて悪徳地主に復讐し、再び幸せを取り戻します。「北風吹いて」は娘が大晦日の日にお父さんと一緒に楽しい春節を過したいと待ちわびる歌です。

私は演奏会で「北風吹いて」を愛唱します。それは中国の人々が誰でも知っている名曲だからです。日本でもこの曲はＮＨＫ中国語講座のテーマ音楽として使われたりしています。

# 8 大《ダ》海《ハイ》啊《ア》，故《グゥ》乡《シャン》／海よ、ふるさと

Dà hǎi a gù xiāng

CD-8

## 中国語歌詞

＊

小《シャオ》时《ス》候《ホウ》妈《マ》妈《マ》对《ドゥイ》我《ウォ》讲《ジァン》　大《ダ》海《ハイ》就《ジウ》是《ス》我《ウォ》故《グゥ》乡《シャン》
Xiǎo shí hou mā ma duì wǒ jiǎng dà hǎi jiù shì wǒ gù xiāng
小さいころ　母は私に　教えてくれた　海は私が育ったふるさと

海《ハイ》边《ビェン》出《チュウ》生《ション》海《ハイ》里《リ》成《チァン》长《ヴァン》大《ダ》海《ハイ》啊《ア》大《ダ》海《ハイ》
hǎi biān chū shēng hǎi lǐ chéng zhǎng dà hǎi a dà hǎi
私は海辺で生まれ　海辺で育った　海よ、海

是《ス》我《ウォ》生《ション》活《ホオ》的《ディ》地《ディ》方《ファン》　海《ハイ》风《フォン》吹《チュイ》海《ハイ》浪《ラン》涌《ヨン》
shì wǒ shēng huó dì dì fāng hǎi fēng chuī hǎi làng yǒng
海は私の生きるところ　風が吹き　浪がわき出す

随《スイ》我《ウォ》漂《ピャオ》流《リュウ》四《ス》方《ファン》
suí wǒ piāo liú sì fāng
私と一緒にどこまでも

大《ダ》海《ハイ》啊《ア》大《ダ》海《ハイ》　就《ジウ》象《シャン》妈《マ》妈《マ》一《イ》样《ヤン》
dà hǎi a dà hǎi jiù xiàng mā ma yí yàng
海よ、海　私の母のように

走《ゾォ》遍《ビェン》天《ティエン》涯《ヤ》海《ハイ》角《ジャオ》　总《ヅォン》在《ヅァイ》我《ウォ》的《ディ》身《シェン》旁《パン》
zǒu biàn tiān yá hǎi jiǎo zǒng zài wǒ dì shēn páng
天地のかなたまで　いつでも私のそばにいる

＊くりかえし

大《ダ》海《ハイ》啊《ア》故《グゥ》乡《シャン》大《ダ》海《ハイ》啊《ア》故《グゥ》乡《シャン》

dà hǎi a gù xiāng dà hǎi a gù xiāng

海よ，故郷　海よ，故郷

我《ウォ》的《ディ》故《グゥ》乡《シャン》我《ウォ》的《ディ》故《グゥ》乡《シャン》

wǒ dì gù xiāng wǒ dì gù xiāng

私の故郷　私の故郷

## 語句

时《ス》候《ホウ》(shí hòu)：時間、時刻

讲《ジァン》(jiǎng)：話す、語る

故《グウ》乡《シャン》(gù xiāng)：ふるさと

出《チュウ》生《ション》(chū shēng)：生まれ出る

涌《ヨン》(yǒng)：わく、盛んに出る

飘《ピャオ》流《リュウ》(piāo liú)：ひょう流

走《ゾォ》遍《ビエン》(zǒu biàn)：行きわたる

总《ヅォン》(zǒng)：総括する、いつも

身《シェン》旁《パン》(shēn páng)：身の回り、そば

对《ドゥイ》(duì)：～に対する

就《ジウ》是《ス》(jiù shì)：すなわち～である、まさに～である

海《ハイ》边《ビェン》(hǎi biān)：海辺

成《チャン》长《ヅァン》(chéng zhǎng)：成長する

随《スイ》(suí)：ついていく

一《イ》样《ヤン》(yí yàng)：同じ

天《ティエン》涯《ヤ》海《ハイ》角《ジャオ》(tiān yá hǎi jiǎo)：天地の果て

# 大《ダ》海《ハイ》啊《ア》，故《グゥ》乡《シャン》

Dà hǎi a gù xiāng

王立平　作詞・作曲

MCSC.L-M/BK-PR/2005-H30

## 曲目の説明

中国の有名な作曲家、王立平（ワンリィピン）により1985年（昭和60年）に発表されました。映画「大海在呼喚」の主題歌として大ヒットしたもので、中国では誰でも知っている有名な曲です。

1996年度（平成８年）のＮＨＫ中国語講座で紹介されるなど、この曲は日本でもなじみのある人が多い曲です。

## 歌のアドバイス

最初は語りかけるように歌い、徐々に気持ちを高めます。「大《ダ》海《ハイ》啊《ア》大《ダ》海《ハイ》」のところから意識して気持ちを前に押し出し、大海原のように深く歌うのが理想的です。次の「大海啊大海」は、伸び伸びともっと心地よく聞かせることが大事です。最後の「大海啊大海 我的故乡我的故乡」は、静かに余韻が残るように仕上げると最高です。

## 郷愁

海外にいる中国人にとって、「海よ、故郷」の歌詞は非常に共鳴するものです。「海は私の故郷、海は母のように、天地の彼方まで、いつも私のそばにいる」という歌詞は優しく純朴で、母と故郷に深い感情を表現しています。

王立平は1985年に映画「大海在呼唤」の主題歌としてこの曲を発表しました。曲の構成は簡潔であり、上品です。寄せる波を表す三拍子のリズムはゆったりとおおらかで、誰にでも自然と口ずさむことができます。

私は日本に来てから、この歌の理解がさらに深くなりました。杭州西湖の美しさを自慢していた私は、日本で初めて海を見ました。「海は青かった」そして、初めて宇宙へ行った宇宙飛行士ガガーリンの名言「地球は青かった」を思い出しつつ、果てしなく青い空に抱擁された青い海に眺め入っていました。故郷の西湖も海と繋がっているはずでしょう。

親を日本に呼び海を見せたいと思い、1996年夏に父、母、姉と一緒に熱海へ行きました。たまたま当日は台風が近くを通過していました。海の波は岩に撃ちつけられ高く鳴り響き、白い浪は巨大な龍の踊りの様相です。その景色の壮観さに人々は皆ため息をついていました。すると台風が抜けたのでしょうか、風はなぎ、波も静かになってきました。穏やかな海の空に虹も出て、その美しい海を家族一緒に見られたことは今でも私たちの思い出となっています。

海外で生活する中国人たちが集まる時、「海よ、故郷」を合唱することが多くあります。この曲のメロディーの中に、自分の母、自分の故郷、祖国など思い出すのです。郷愁を覚えるのでしょう。

# 9 我《ウォ》只《ヅ》在《ヅァイ》乎《ホゥ》你《ニィ》／時の流れに身をまかせ

Wǒ zhǐ zài hū nǐ

CD-9

## 中国語歌詞

(1) 如《ルゥ》果《グォ》没《メイ》有《ヨゥ》遇《ユィ》见《ジェン》你《ニィ》 我《ウォ》将《ジァン》会《ホゥェイ》是《ス》在《ヅァイ》哪《ナァ》里《リ》
Rú guǒ méi yǒu yù jiàn nǐ wǒ jiāng huì shì zài nǎ lǐ
もしもあなたと逢えなかったら 私はどこにいるでしょうか

日《ルィ》子《ズ》过《グォ》得《ダ》怎《ヅン》么《モ》样《ヤン》人《レン》生《ション》是《ス》否《フォ》要《ヤオ》珍《ヅェン》惜《シ》
rì zǐ guò de zěn me yàng rèng shēng shì fǒu yào zhēn xī
日々をどんなに過ごしているでしょうか 人生を大切にしているかしら

也《イエ》许《シュ》认《レン》识《ス》某《モゥ》一《イ》人《レン》过《グォ》着《ヅォ》平《ピン》凡《ファン》的《ディ》日《ルィ》子《ズ》
yě xǔ rèn shì mǒu yì rén guò zhe píng fán dì rì zi
誰かと知り合い、平凡な生活を過ごしているだろうか

不《ブ》知《ズ》道《ダオ》会《ホゥェイ》不《ブ》会《ホゥェイ》也《イエ》有《ヨゥ》爱《アイ》情《チン》甜《ティェン》如《ルゥ》蜜《ミ》
bù zhī dào huì bu huì yě yǒu ài qíng tián rú mì
甘い愛情を味わえるだろうか

* 任《レン》时《ス》光《グァン》匆《ツォン》匆《ツォン》流《リュウ》去《チュイ》 我《ウォ》只《ヅ》在《ヅァイ》乎《ホゥ》你《ニィ》
rèn shí guāng cōng cōng liú qù wǒ zhǐ zài hū nǐ
時の流れのままに、あなただけを気にかける

心《シン》甘《ガン》情《チン》愿《ユアン》感《ガン》染《ラン》你《ニィ》的《ディ》气《チィ》息《シ》
xīn gān qíng yuàn gǎn rǎn nǐ dì qì xī
あなたの息を感じ、心より愛し

人《レン》生《ション》几《ジィ》何《ホゥ》能《ノン》够《ゴゥ》得《ダ》到《ダオ》知《ヅ》己《ジィ》
rén shēng jǐ hé néng gòu dé dào zhī jǐ
人生はいつ知己と巡り逢えろだろうか

失《ス》去《チュイ》生《ション》命《ミン》的《ダ》力《リ》量《リャン》也《イエ》不《ブ》可《ク》惜《シ》
shī qù shēng mìng de lì liang yě bù kě xī
その知己のために、命を捧げてもかまわない

所《スォ》以《イ》我《ウォ》求《チィウ》求《チィウ》你《ニィ》　别《ビェ》让《ラン》我《ウォ》离《リ》开《カイ》你《ニィ》
suǒ yǐ wǒ qiú qiú nǐ　bié ràng wǒ lí kāi nǐ
だから，お願い、あなたの傍から離れさせないで

除《チュウ》了《リャオ》你《ニイ》我《ウオ》不《ブ》能《ノン》感《ガン》到《ダオ》一《イ》丝《ス》丝《ス》情《チン》意《イ》
chú liǎo nǐ wǒ bù néng gǎn dào yì sī sī qíng yì
あなた以外の人に愛を感じないから

（2）如《ルウ》果《グォ》有《ヨゥ》那《ナァ》么《モ》一《イ》天《ティエン》你《ニィ》说《シュオ》即《ジィ》将《ジャン》要《ヤオ》离《リ》去《チュイ》
Rú guǒ yǒu nà mè yì tiān nǐ shuō jí jiāng yào lí qù
もしある日あなたは離れると言うなら

我《ウォ》会《ホゥエイ》迷《ミ》失《ス》我《ウォ》自《ズ》己《ジィ》　走《ヅォ》入《ルゥ》无《ウ》边《ビェン》人《レン》海《ハイ》里《リ》
wǒ huì mí shī wǒ zì jǐ　zǒu rù wú biān rén hǎi lǐ
私は自分を失いそう、果てしのない人々の中に消える

不《ブ》要《ヤオ》什《シェン》么《モ》诺《ヌオ》言《イエン》　只《ヅ》要《ヤオ》天《ティエン》天《ティエン》在《ヅァイ》一《イ》起《チィ》
bù yào shén me nuò yán　zhǐ yào tiān tiān zài yì qǐ
約束なんかいらない、毎日一緒にいるだけでいい

我《ウォ》不《ブ》能《ノン》只《ヅ》依《イ》靠《カオ》　片《ピェン》片《ピェン》回《ホゥエイ》忆《イ》活《ホオ》下《シャ》去《チュイ》
wǒ bù néng zhǐ yī kào　piàn piàn huí yì huó xìa qù
思い出だけでは生きていられない

𝄆 くりかえし

## 語句

如《ルウ》果《グォ》(rú guǒ)：もし～なら
没《メイ》有《ヨゥ》(méi yǒu)：ない
遇《ユイ》见《ジェン》(yù jiàn)：出会う
将《ジァン》(jiāng)：～しようとする
会《ホゥエイ》(huì)：～する可能性がある
哪《ナァ》里《リ》(nǎ lǐ)：どこ
日《ルィ》子《ズ》(rì zǐ)：日々、暮らす
过《グォ》(guò)：過ごす
怎《ヅン》么《モ》样《ヤン》(zěn me yàng)：どのような
是《ス》否《フォ》(shì fǒu)：～であるかどうか
要《ヤオ》(yào)：～することが必要だ
珍《ジェン》惜《シ》(zhēn xī)：大事にする、大切にする
也《イェ》许《シュ》(yǔ xǔ)：～かもしれない
认《レン》识《ス》(rèn shì)：知っている
某《モゥ》一《イ》人《レン》(mǒu yì rén)：ある人
不《ブ》知《ズ》道《ダォ》(bù zhī dào)：わかりません
甜《ティェン》(tián)：甘い
如《ルゥ》(rú)：ように
蜜《ミ》(mì)：蜂蜜、甘い
任《レン》(rèn)：自由に任せる
匆《ツォン》匆《ツォン》(cōng cōng)：忙しい、慌ただしい
流《リュウ》去《チュイ》(liú qù)：流れていく
只《ヅ》(zhǐ)：だけ、ただ
在《ヅァイ》乎《ホゥ》(zài hū)：気にする
心《シン》甘《ガン》情《チン》愿《ユアン》(xīn gān qíng yuàn)：心から喜んでする
感《ガン》染《ラン》(gǎn rǎn)：感染する、移る
几《ジィ》何《ホゥ》(jǐ hé)：どれだけ、わずかな
能《ノン》够《ゴゥ》(néng gòu)：できる
力《リ》量《リャン》(lì liang)：力
可《ク》惜《シ》(kě xī)：惜しむ
所《スォ》以《イ》(suǒ yǐ)：だから
求《チィウ》求《チィウ》你《ニィ》(qiú qiú nǐ)：お願い
别《ビェ》让《ラン》(bié ràng)：～させないでください
离《リ》开《カイ》(lí kāi)：離れる
除《チュウ》(chú)：除く
丝《ス》(sī)：生糸、糸のように細いもの
即《ジィ》将《ジャン》(jí jiāng)：まもなく
迷《ミ》失《ス》(mí shī)：迷う、見失う
走《ヅォ》(zǒu)：歩く
无《ウ》边《ビェン》(wú biān)：果てしがない
什《シェン》么《モ》(shén me)：何（確認のとき）
诺《ヌオ》言《イエン》(nuò yán)：承知する言葉、約束の言葉
只《ヅ》要《ヤオ》(zhǐ yào)：ただ
一《イ》起《チィ》(yì qǐ)：一緒に
依《イ》靠《カオ》(yī kào)：頼る
回《ホゥエイ》忆《イ》(huí yì)：思い浮かべる、思い出
活《ホオ》(huó)：生きる

# 我《ウォ》只《ヅ》在《ヴァイ》乎《ホゥ》你《ニィ》
Wǒ zhǐ zài hū nǐ

荒木とよひさ　作詞
三木たかし　作曲

Dm B♭ A7 Dm7 Gm7 Gm7-5
シ レンション ジィホゥ ノン ゴゥ ダ ダオ ズ ジ スチュイ シェンミンダ リリャン イエ ブ ク
息 人生 几何 能 够 得 到 知 己 失去 生命 的力量 也 不可
xī rén shēng jǐ hé néng gòu dé dào zhī jǐ shī qù shēnmíng de lì liàng yě bù kě
C7 A7 Dm Dmmaj7/C♯ Dm/C Dm6/B F Am Dm7
シ スォ イ ウォ チィウチィウニィ ビェ ランウォ リカイ ニィ チュウラ ニィ ウォ ブ ノン ガンダオ
惜 所以 我 求 求你 别 让我 离开 你 除了你 我不 能感到
xī suǒ yǐ wǒ qiú qiú nǐ bié ràng wǒ lí kāi nǐ chú le nǐ wǒ bù néng gǎn dào
Gm7 Gm7/C F
イ ス ス チン イ
一 丝 丝 情 意
yì sī sī qíng yì

## 曲目の説明

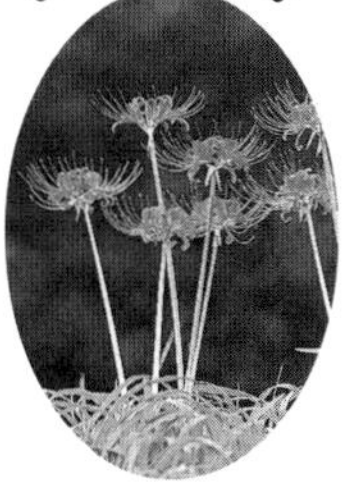

日本において200万枚近い売上を記録したテレサ・テンの最大のヒット曲で、テレサ・テンは1986年（昭和61年）の日本有線大賞、全日本有線放送大賞とともに3年連続グランプリ受賞、日本レコード大賞金賞受賞など数々の賞を受け、NHK紅白歌合戦にも出場しました。

さらに、彼女は1991年（平成3年）にもNHK紅白歌合戦に出場し、この「時の流れに身をまかせ」を歌いました。中国では「我只在乎你」の曲名で知られアジア地域では空前の大ヒットとなりました。

## 日本語歌詞

作詞：荒木とよひさ

(1) もしもあなたと　逢えずにいたら
わたしは何を　してたでしょうか
平凡だけど　誰かを愛し
普通の暮らし　してたでしょうか
＊ 時の流れに身をまかせ
あなたの色に染められ
一度の人生それさえ　捨てることもかまわない
だからお願い　そばに置いてね
いまはあなたしか愛せない

(2) もしもあなたに　嫌われたなら
明日という日　失くしてしまうわ
約束なんか　いらないけれど
想い出だけじゃ　生けてゆけない
時の流れに身をまかせ
あなたの胸により添い
綺麗になれたそれだけで　命さえもいらないわ
だからお願い　そばに置いてね
いまはあなたしかみえないの

＊ くりかえし

## 歌のアドバイス

（1）（2）の歌い出しは、話し掛けるように気持ちを込めて歌いましょう。繰り返しの部分は、最も強調する部分なので情熱的に。最後は感情の頂点に達するところですから、恋心をぶつけるように歌うと良いでしょう。

## 我只在乎你（あなただけ）

テレサ・テンはアジア歌壇の奇跡。70、80年代、彼女の歌は一世を風靡しました。あれから30年以上も過ぎた今でも、アジアで彼女ほど多くの聴衆を持つ歌手は現れていません。

テレサは1953年台湾で生まれ、13歳の時に台湾金馬奨レコードの歌唱のど自慢で優勝。そして21歳のとき日本でデビューしました。日本での5年間で、「空港」、「つぐない」、「愛人」、「時の流れに身をまかせ」など、多くの大ヒット曲を残しています。日本有線大賞、日本有線放送大賞三年連続受賞、日本レコード大賞、NHK紅白歌合戦三回出場など、華人歌手として日本での地位を築きます。

また80年代の鄧小平の改革開放以後、テレサ・テンは中国で大人気となります。「昼は老鄧、夜は小鄧」といわれたほどです。しかし、本籍が中国河北省であったにもかかわらず、テレサ・テンは中国演奏会の夢を実現することはできませんでした。1995年5月8日、タイで喘息により42歳で急逝しました。

私は中国でテレサ・テンの歌が禁止された時代をよく覚えています。禁止にもかかわらず、人々には隠れて聴きました。おそらく彼女の慈愛に満ちて切ない恋の歌を聞いて、自分の青春時代を思い出していたのです。現在の中国では老人たちの朝の踊りのＢＧＭにテレサ・テンの歌が流れています。テレサ・テンが亡くなって10年近くたちますが、皆が彼女に「我只在乎你（あなただけ）」と呼びかけ続けています。

# 10 偿《チャン》还《ホァン》／つぐない

Cháng huán

CD-10

## 中国語歌詞

(1) 沉《チェン》默《モ》的《ディ》嘴《ヅュイ》唇《チュン》 还《ハイ》留《リュウ》着《ヅォ》泪《レイ》痕《ヘン》

Chén mò dì zuǐ chún hái liú zhe lèi hén

黙っている唇に、まだ涙の跡が残っている

这《ヅォ》不《ブ》是《ス》胭《イエン》脂《ズ》红《ホン》粉《フェン》 可《ク》掩《イエン》饰《ス》的《ディ》伤《シャン》痕《ヘン》

zhè bú shì yān zhī hóng fěn kě yǎn shì dì shāng hén

これは化粧しても隠せない傷跡

破《ポ》碎《スゥイ》的《ディ》心《シン》灵《リン》 流《リュウ》失《ス》了《リャオ》多《ドゥオ》少《シャオ》的《ディ》情《チン》

pò suì dì xīn líng liú shī liǎo duō shǎo dì qíng

私のぼろぼろになった心には、かつての愛は感じられない

弥《ミ》补《ブ》的《ディ》谎《ホワン》言《イエン》 偿《チャン》还《ホァン》的《ディ》借《ジェ》口《コウ》

mí bú dì huǎng yán cháng huán dì jiè kǒu

うそと償いの言い訳

我《ウォ》不《ブ》会《ホゥエイ》去《チュイ》当《ダン》真《ヅェン》

wǒ bú huì qù dàng zhēn

もう、私には信じられない

*爱《アイ》的《ディ》心《シン》路《ルゥ》旅《リュィ》程《チェン》

ài dì xīn lù lǚ chéng

愛の旅路は

只《ヅ》能《ノン》够《ゴゥ》你《ニィ》我《ウォ》两《リャン》个《グゥ》人《レン》

zhǐ néng gòu nǐ wǒ liǎng gè rén

ただあなたと私の二人だけ

不《ブ》可《ク》能《ノン》是《ス》我《ウォ》独《ドゥ》徘《パイ》徊《ホァイ》

bù kě néng shì wǒ dú pái huái

私一人で悩むことではない

也《イエ》不《ブ》可《ク》能《ノン》三《サン》人《レン》行《シン》

yě bù kě néng sān rén xíng

三人で一緒に歩むことでもない

你《ニィ》可《ク》以《イ》去《チュイ》找《ヅャオ》新《シン》的《ダ》恋《リエン》情《チン》

nǐ kě yǐ qù zhǎo xīn de liàn qíng

あなたは新しい恋を探してもいい

也《イエ》可《ク》以《イ》不《ブ》留《リュウ》一《イ》点《ディェン》音《イン》讯《シュィン》

yě kě yǐ bù liú yì diǎn yīn xùn

私にもう行き先を知らせなくてもいい

但《ダン》不《ブ》要《ヤオ》用《ヨン》偿《チャン》还《ホァン》做《ヅォ》借《ジエ》口《コウ》　再《ヅァイ》让《ラン》我《ウォ》伤《シャン》心《シン》

dàn bú yào yòng cháng huán zuò jiè kǒu　zài ràng wǒ shāng xīn

だから、償いの言い訳はもう私にはいりません　私を傷つけるそんな償いの言い訳はいりません

(2) 爱《アイ》哭《ク》的《ディ》眼《イエン》睛《ジン》　让《ラン》泪《レイ》水《スゥイ》染《ラン》红《ホン》

Aì kū dì yǎn jīng　ràng lèi shuǐ rǎn hóng

涙もろい目は、いつまでも赤くなってました

要《ヤオ》多《ドゥオ》少《シャオ》岁《スウイ》月《ユエ》时《ス》光《グァン》　才《ツァイ》遗《イ》忘《ウワン》这《ヴォ》段《ドゥアン》情《チン》

yào duō shǎo suì yuè shí guāng　cái yí wàng zhè duàn qíng

どのくらい時間をかけたらこの愛を忘れられるのでしょう

脆《チュイ》弱《ルオ》的《ディ》心《シン》情《チン》　还《ハイ》留《リュウ》着《ヴォ》你《ニィ》的《ディ》伤《シャン》痕《ヘン》

cuì ruò dì xīn qíng　hái liú zhe nǐ dì shāng hén

このかよわい心には、あなたに傷つけられた気持が残っています

弥《ミ》补《ブ》的《ディ》谎《ホワン》言《イエン》 偿《チャン》还《ホァン》的《ディ》借《ジュ》口《コウ》

mì bǔ dì huǎng yán cháng huán dì jiè kǒu

うそと償いの言い訳

我《ウォ》怎《ヅン》么《モ》能《ノン》相《シャン》信《シン》 爱《アイ》的《ディ》心《シン》路《ルゥ》旅《リュイ》程《チァン》

wǒ zěn ma néng xiāng xìn ài dì xīn lù lǚ chéng

かつては、二人の愛の旅路を信じていたの

我《ウォ》曾《チェン》经《ジン》答《ダ》应《イン》你《ニィ》牵《チェン》引《イン》

wǒ céng jīng dā yìng nǐ qiān yǐn

私はあなたについていくと約束したこともある。

这《ヅォ》只《ヅ》能《ノン》说《シュオ》我《ウォ》太《タイ》多《ドゥオ》情《チン》

zhè zhǐ néng shuō wǒ tài duō qíng

これは、私の愛が深すぎたせいでしょう

不《ブ》敢《ガン》埋《マン》怨《ユァン》你《ニィ》无《ウ》情《チン》

bù gǎn mán yuàn nǐ wú qíng

あなたに愛がなくなったのを怨んでいません

我《ウォ》曾《チェン》经《ジン》耐《ナイ》心《シン》听《ティン》你《ニィ》表《ビャオ》明《ミン》

wǒ céng jīng nài xīn tīng nǐ biǎo míng

昔から時々そんな話はあったけど、私はがまんしてました

也《イエ》已《イ》经《ジン》谅《リャン》解《ジェ》你《ニィ》的《ディ》苦《ク》衷《ヅォン》

yě yǐ jīng liàng jiě nǐ dì kǔ zhōng

あなたの苦しみも理解してあげました

请《チン》不《ブ》要《ヤオ》用《ヨン》偿《チャン》还《ホァン》做《ヅォ》借《ジェ》口《コウ》伤《シャン》了《ラ》我《ウォ》自《ズ》尊《ズゥン》

qǐng bú yào yòng cháng huán zuò jiè kǒu shāng le wǒ zì zūn

だけど、私の自尊心を傷つける償いの言い訳はもういらないわ

＊くりかえし

## 語句

沉《チェン》默《モ》(chén mò)：沈黙する

嘴《ヅュイ》唇《チュン》(zuǐ chún)：くちびる

留《リュウ》着《ヅォ》(liú zhe)：残している

泪《レイ》痕《ヘン》(léi hén)：涙の跡

胭《イエン》脂《ズ》(yān zhī)：紅

掩《イエン》饰《ス》(yǎn shì)：覆い隠す

伤《シャン》痕《ヘン》(shāng hén)：傷跡

破《プオ》碎《スイ》(pó suì)：ぼろぼろ、切れ切れになる

心《シン》灵《リン》(xīn líng)：心霊、魂

流《リュウ》失《ス》(liú shī)：なくなる

情《チン》(qíng)：感情、情

弥《ミ》补《ブ》(mí bǔ)：補う

谎《ホワン》言《イエン》(huǎng yán)：うそ、偽り

偿《チャン》还《ホァン》(cháng huán)：つぐない

借《ジェ》口《コウ》(jièkǒu)：口実

不《ブ》会《ホゥェイ》去《チュイ》当《ダン》真《ヅェン》(bú huì qù dāng zhēn)：真実～とは思わない

心《シン》路《ルウ》旅《リュイ》程《チェン》(xīn lù lǚ chéng)：心の旅路

只《ヅ》能《ノン》够《ゴゥ》(zhǐ néng gòu)：ただ～できる

独《ドゥ》徘《パイ》徊《ホァイ》(dú pái huái)：一人で行ったり来たりする

可《ク》以《イ》(kě yǐ)：～するのがいい

恋《リエン》情《チン》(liàn qíng)：恋愛感情、恋

不《ブ》留《リュウ》一《イ》点《ディェン》音《イン》讯《シュイン》：消息がつかめない
(bù liú yì diǎn yīn xùn)

但《ダン》不《ブ》要《ヤオ》～再《ヅァイ》～(dàn bú yào～zài～)：でも、～しないように～もっと

伤《シャン》心《シン》(shāng xīn)：心が傷つく

爱《アイ》哭《ク》(ài kū)：よく泣く、泣き虫

眼《イエン》睛《ジン》(yǎn jīng)：目

染《ラン》红《ホン》(rǎn hóng)：赤く染める

时《ス》光《グァン》(shí guāng)：光陰、時間

才《ツァイ》遗《イ》忘《ウワン》(cái yí wàng)：やっと忘れる

脆《チュイ》弱《ルオ》(cuì ruò)：もろくて弱い

心《シン》情《チン》(xīn qíng)：気持ち

怎《ヅン》么《モ》能《ノン》相《シャン》信《シン》(zěn ma néng xiāng xìn)：どうして信じる

曾《チェン》经《ジン》答《ダ》应《イン》(céng jīng dā yìng)：かつて承知した約束した

牵《チェン》引《イン》(qiān yǐn)：引っ張る

只《ヅ》能《ノン》(zhǐ néng)：ただ～できる

太《タイ》多《ドゥオ》情《チン》(tài duō qíng)：情が深すぎる

不《ブ》敢《ガン》埋《マン》怨《ユアン》：うらみを言う勇気がない
(bù gǎn mán yuàn)

无《ウ》情《チン》(wú qíng)：情けがない

耐《ナイ》心《シン》(nài xīn)：忍耐心

听《ティン》(tīng)：聞く

已《イ》经《ジン》(yǐ jīng)：すでに

谅《リャン》解《ジェ》(liàng jiě)：許す

苦《ク》衷《ヅォン》(kǔ zhōng)：苦しい胸の内

自《ズ》尊《ズゥン》(zì zūn)：自尊心、プライド

チャン　ホァン

# 偿　还

Cháng　huán

荒木とよひさ　作詞
三木たかし　作曲

## 曲目の説明

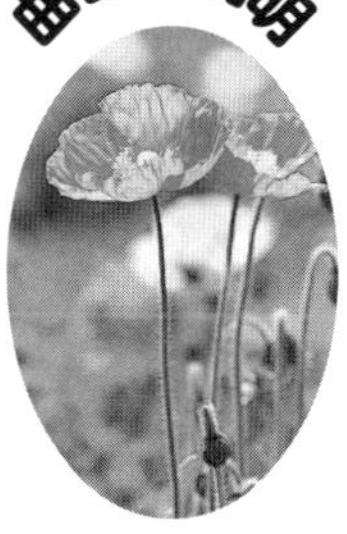

1974年（昭和49年）テレサ・テンは「空港」でレコード大賞新人賞を獲得。1984年1月21日「つぐない」は100万枚近い大ヒットとなり、彼女は、日本で本格的な再デビューを果たしました。彼女の歌は、一貫して愛する乙女の切なさ、日陰の女性のいじらしさをテーマとしています。そして、日本のヒット曲「つぐない」は中国語でも「償還」として歌われ、アジア各地でヒットしました。

## 日本語歌詞

作詞：荒木とよひさ

(1) 窓に西陽が　あたる部屋は
いつもあなたの匂いがするわ
ひとり暮らせば　想い出すから
壁の傷も残したまま　おいてゆくわ
＊ 愛をつぐなえば　別れになるけど
こんな女でも忘れないでね
優しすぎたのあなた
子供みたいなあなた
明日は他人同士になるけれど
(2) 心残りは　あなたのこと
少し煙草もひかえめにして
過去に縛られ　暮らすことより
私よりも可愛い人　探すことよ
愛をつぐなえば　重荷になるから
この町を離れ暮らしてみるわ
お酒のむのもひとり
夢を見るのもひとり
あすは他人同士になるけれど

＊くりかえし

## 歌のアドバイス

静かに切なく恋に破れた乙女のいじらしさを出しながら歌い出し、徐々に感情を高めます。繰り返しの部分は、悲しさを哀愁ただようメロディーにのせ、しみじみとした気持ちで歌いましょう。

## 原点

初めて三木たかし先生にお会いしたのは、まゆずみ音楽祭でした。私はゲストとして歌を歌いました。歌の途中、三木先生はステージに駆け寄って激励して下さいました。私は驚きましたが、歌を無事に終えて、早速、先生にご挨拶、お礼をしました。日本でこのように有名な作曲家が、こんなに親切とは思いもよらなかったので、大変感激しました。

子供の頃に紙の鍵盤を指でたたくと音が聞こえ、その音を譜面に書くと音楽ができたそうです。それが天才作曲家のスタートでした。そして5000曲以上もの曲を世に送り出し、日本歌謡界に大きく貢献されました。数えきれない曲が日本レコード大賞作曲賞、日本歌謡大賞などを受賞しています。そして三木たかし作曲、荒木とよひさ作詞の二人が組んだテレサ・テンのヒット曲が多いことも有名です。「ミュージカル李香蘭」、「異国の丘」など劇団四季の連続上演作品の作曲、映画・テレビ・ラジオ音楽の創作や編曲など、現代音楽のジャンルを越えて日本で一番きれいなメロディーを作る名作曲家です。

私は先生の生のステージを何度も拝見しましたが、先生はギターの弾き語りで「つぐない」を歌う前に、次のようにおっしゃいました。「実はテレサ・テンが亡くなったときは、新しい曲が完成し歌詞の打ち合わせをしている最中だった。もし三カ月早く曲ができ上がっていたら、日本にレコーディングに来ていて、タイには出かけてはいなかっただろう、と今でも後悔する」そして先生はできあがった曲「忘れないで－Time to Say Good-bye」を台湾のテレサ・テンの墓前で歌ったとのこと。私はこの話と、先生が歌う「つぐない」を聴き、大変感激しました。

常に人々に感動を与えることが、作曲家の原点だと思います。

# 11 小《シャオ》城《チァン》故《グゥ》事《ス》／小さな町の物語

Xiǎo chéng gù shì

CD-11

## 中国語歌詞

**小《シャオ》城《チァン》故《グゥ》事《ス》多《ドゥオ》**
Xiǎo chéng gù shì duō
この小さい町に物語がたくさんあふれてる

**充《ツォン》满《マン》喜《シ》和《ホゥ》乐《ラ》**
chōng mǎn xǐ hé lè
喜びと楽しさがみちあふれてる

**若《ルオ》是《ス》你《ニィ》到《ダオ》小《シャオ》城《チァン》来《ライ》**
ruò shì nǐ dào xiǎo chéng lái
もし　この町に来てくれるなら

**收《スォウ》获《ホオ》特《トウ》别《ビエ》多《ドゥオ》**
shōu huò tè bié duō
いいことといっぱい受けるでしょう

**看《カン》似《ス》一《イ》幅《フ》画《ホア》**
kàn sì yì fú huà
見ると　一幅の絵のようであり

**听《ティン》象《シャン》一《イ》首《スオウ》歌《グゥ》**
tīng xiàng yì shǒu gē
聞くと　一曲の歌のようです

**人《レン》生《ション》境《ジン》界《ジェ》真《ヴェン》善《スァン》美《メイ》**
rén sheng jǐng jiè zhēn shàn měi
ここには　世の中の真、善、美が

这《ヅォ》里《リ》已《イ》包《バオ》括《クォ》
zhè lǐ yǐ bāo kuò
みんなそろってる

谈《タン》的《ディ》谈《タン》说《シュオ》的《ディ》说《シュオ》
tán dì tán shuō dì shuō
誰もが話してる

小《シャオ》城《チァン》故《グゥ》事《ス》真《ヴェン》不《ブ》错《ツォ》
xiǎo chéng gù shì zhēn bú cuò
この町の素晴らしさを

请《チン》你《ニィ》朋《ポン》友《ヨゥ》一《イ》起《チィ》来《ライ》
qǐng nǐ péng yǒu yì qǐ lái
あなたが　友達を誘って来てくれるなら

小《シャオ》城《チァン》来《ライ》作《ヅオ》客《ク》
xiǎo chéng lái zuò kè
喜んでお迎えいたします

## 語句

小《シャオ》 城《チァン》(xiǎo chéng)：小さな町
故《グゥ》 事《ス》(gù shì)：物語
充《ツォン》 满《マン》(chōng mǎn)：満杯になる、満ちる
若《ルオ》 是《ス》(ruò shì)：もしも～ならば
收《スォウ》 获《ホオ》(shōu huò)：収穫する
似《ス》(sì)：似る。～のようだ
象《シャン》(xiàng)：～のような
一《イ》 幅《フ》 画《ホア》(yì fú huà)：1 枚の絵
一《イ》 首《スォウ》 歌《グゥ》(yì shǒu gē)：1 曲の歌
包《バオ》 括《クォ》(bāo kuò)：全部ふくめる
境《ジェン》 界《ジェ》(jìng jiè)：領域
谈《タン》(tán)：お話する
说《シュオ》(shuō)：お話する
不《ブ》 错《ツォ》(bú cuò)：まちがくない
朋《ポン》 友《ヨウ》(péng yǒu)：友達
作《ヅオ》 客《ク》(zuò kè)：お客になる
已《イ》(yǐ)：また

# 小《シャオ》城《チァン》故《グゥ》事《ス》

Xiǎo chéng gù shi

庄奴　作詞
湯尼　作曲

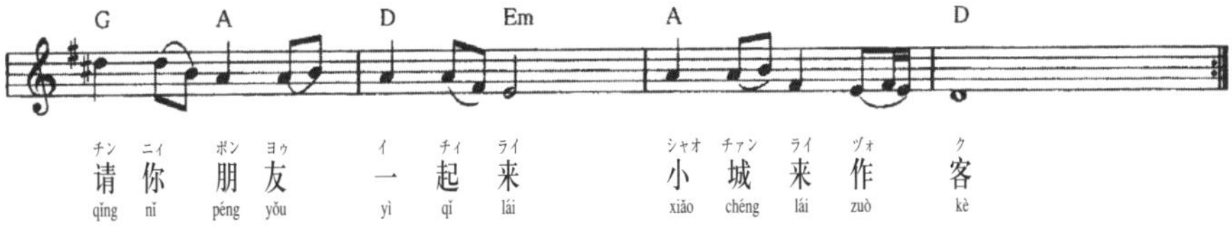




**曲目の説明**

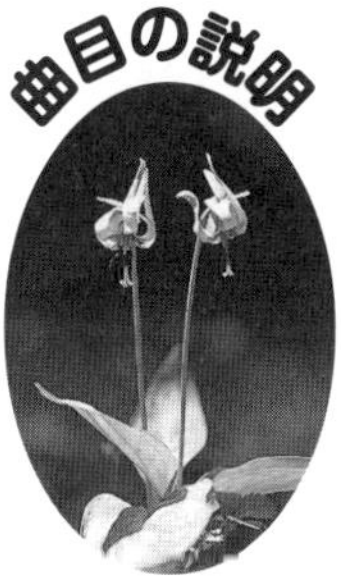

台湾映画「小城故事」のテーマ曲です。1978年（昭和53年）、庄奴が作詞し、湯尼（タンニィ）が作曲しました。この映画は、1979年台湾のアカデミー賞である「金馬奨」で最優秀作品賞、最優秀脚本賞、最優秀子役賞をとっています。テレサ・テンが歌い、大いに流行しました。

メロディーは、起承転結に重きをおいて美しく作られており、歌詞は素朴で台湾の島の風景をよく表しています。

## 歌のアドバイス

淡々と物語を語り進める感じで、抑揚は余りつけない方がよいでしょう、自分の故郷を愛する気持ちを込めて心地よく歌うと、この曲の素朴な美しさが伝わってくるでしょう。

## テレサ・テンの代表作

台湾映画「小城故事」は1979年に台湾アカデミー賞など様々の賞を受賞しましたが、この映画と同名のテーマ曲が大流行をしました。それはテレサ・テンの歌の魅力によるところが大きかったと思います。

テレサ・テンが中国語で歌う曲の八割方は、庄奴の作詩、湯尼の作曲ですが、この「小城故事」も同様です。当初この歌は別の歌手の風飛飛が歌う予定でしたが、彼女は他の仕事で忙しかったため、湯尼は映画監督にテレサ・テンを推薦しました。

テレサはこの素朴な歌詞と簡潔なメロディーを生かして、なめらかさの中に艶があり、暖かさの中に優雅があり、純粋で優美な声で歌いました。

この曲はテレサ・テンの歌手生活の中で完璧な作品の一つとなりました。人々はこの歌が聞きたいために映画を見にいき、そして映画の広告でもテレサ・テンの名前は主演女優より大きく扱われ、あたかも主役のようになってしまいました。

「小城故事」の歌詞は、作詞家の庄奴が、台湾の小さな町で生活した体験から作られたもので、どんな町にでも合う歌詞です。どんな町にも美しい景色あり、真、善，美の物語があります。生活している限り、人は皆人生という自分の物語を作っています。その一人ひとりの物語は町の物語になっていきます。

# 12 雨《ユィ》夜《イエ》花《ホア》 ／雨夜の花

Yǔ yè huā

CD-12

## 中国語歌詞

雨《ユィ》夜《イエ》花《ホア》　雨《ユィ》夜《イエ》花《ホア》　受《スォウ》风《フォン》雨《ユィ》　吹《チュイ》落《ルオ》地《ディ》

Yǔ yè huā　yǔ yè huā　shòu fēng yǔ　chuī luò dì

雨ふる夜に咲く花は、風雨にさらされ地に落ちた

无《ウ》人《レン》看《カン》见《ジェン》　暝《ミン》日《ルィ》怨《ユァン》嗟《ジェ》　花《ホア》谢《シエ》落《ルオ》土《トゥ》

wú rén kàn jiàn　míng rì yuàn jiē　huā xiè luò tǔ

誰も見つめてくれないなんて、いつもいつもうらみに思う　花は、地面に落ちたら、

不《ブ》再《ヅァイ》回《ホゥェイ》

bú zài huí

もう元に戻れないのに

花《ホア》落《ルオ》土《トゥ》　花《ホア》落《ルオ》土《トゥ》　有《ヨゥ》谁《スゥイ》人《レン》可《ク》看《カン》顾《グゥ》

huā luò tǔ　huā luò tǔ　yǒu shuí rén kě kàn gù

花は、地面に落ちたら、もう誰も面倒を見てくれない

无《ウ》情《チン》风《フォン》雨《ユイ》　误《ウ》阮《ルアン》前《チェン》途《トゥ》

wú qíng fēng yǔ　wù ruǎn qián tú

無情の風雨は、私の将来を狂わせた

花《ホア》蕊《ルェイ》凋《ディアオ》落《ルオ》　欲《ユイ》如《ルゥ》何《ホゥ》

huā ruǐ diāo luò　yù rú hé

花の蕾が落ちたら、どうにもならないのに

雨《ユイ》无《ウ》情《チン》　雨《ユイ》无《ウ》情《チン》　无《ウ》想《シァン》阮《ルアン》的《ディ》前《チェン》程《チァン》

yǔ wú qíng　yǔ wú qíng　wú xiǎng ruán dì qián chéng

無情の雨は、私の将来をまったく考えてくれない

## 并《ビン》无《ウ》看《カン》护《ホゥ》 缓《ホァン》弱《ルオ》心《シン》性《シン》

bìng wú kàn hù huǎn ruò xīn xìng

私のかよわい心をかばってくれない

## 给《ゲイ》阮《ルアン》前《チェン》途《トゥ》失《ス》光《グァン》明《ミン》

gěi ruǎn qián tú shī guāng míng

私の将来から光明を奪ってしまうなんて

## 雨《ユイ》水《スゥイ》滴《ディ》 雨《ユイ》水《スゥイ》滴《ディ》 引《イン》阮《ルアン》入《ルゥ》受《スォウ》难《ナン》池《チィ》

yǔ shuǐ dī yǔ shuǐ dī yǐn ruǎn rù shòu nàn chí

雨水はしたたり落ち、私を受難の池へ引きずり込んだ

## 怎《ヅン》样《ヤン》给《ゲイ》阮《ルアン》离《リ》叶《イエ》离《リ》枝《ヅ》

zěn yàng gěi ruǎn lí yè lí zhī

なんで、私を枝や葉からバラバラに切り離し

## 永《ヨン》远《ユァン》无《ウ》人《レン》可《ク》看《カン》见《ジェン》

yǒng yuǎn wú rén kě kàn jiàn

永遠に、人が見てくれないようにしてしまうの

### 語句

受《スォウ》(shòu)：受ける

吹《チュイ》(chuī)：吹く

瞑《ミン》日《ルィ》(míng rì)：毎日瞑想する

怨《ユァン》嗟《ジェ》(yuàn jiē)：恨みの声がする

花《ホァ》谢《シエ》(huā xiè)：花が落ちる

落《ルオ》土《トゥ》(luò tǔ)：地に落ちる

不《ブ》再《ヅァイ》回《ホゥェイ》(bú zài huí)：元通りにならない

有《ヨゥ》谁《スェイ》人《レン》可《ク》看《カン》顾《グゥ》
(yǒu shuí rén kě kàn gù)：
誰も面倒をみてくれない

误《ウ》阮《ルアン》前《チェン》途《トゥ》：私の前途を誤らせた
(wù ruǎn qián tú)

蕊《ルェイ》(ruǐ)：レベ、植物の生殖器官の一部

凋《ディアオ》落《ルオ》(diāo luò)：しぼみ落ちる

如《ルゥ》何《ホゥ》(rú hé)：どのように、いかが

并《ビン》无《ウ》(bìng wú)：それほど〜ない

缓《ホァン》弱《ルオ》(huǎn ruò)：かよわい

心《シン》性《シン》(xīn xìng)：心、気持ち

失《ス》(shī)：なくす、失う

滴《ディ》(dī)：したたる

怎《ヅン》样《ヤン》(zěn yang)：どのよう、どう

引《イン》阮《ルアン》入《ルゥ》受《スォウ》难《ナン》池《チィ》：
(yǐn ruǎn rù shòu nàn chí)
受難の池に引き込ませる

离《リ》叶《イエ》离《リ》枝《ヅ》(lí yè lí zhī)：枝や葉から離れる

# 雨《ユィ》夜《イエ》花《ホア》
Yǔ yè huā

周添旺　作詞
鄧雨賢　作曲

## 日本語歌詞

(1) 雨の降る夜に　咲いてる花は

風に吹かれて　ほろほろ落ちる

(2) 白い花びら　しずくにぬれて

風のまにまに　ほろほろ落ちる

(3) 明日はこの雨　やむかもしれぬ

散るをいそぐな　かわいい花よ

(4) 散ってこの世に　花見はあるか

無情の雨に　うらみますらん

### 曲目の説明

台湾で歌われる最もポピュラーな歌が「雨夜花」です。鄧雨賢（タンユィシュン）が日本統治時代に作曲した流行歌の一つですが、50余年もの年月を経て、すっかり民謡化しました。

台湾民謡や流行歌には、こうした酒場の女をはじめ、生活の苦しい労働者、みなしごなどといった下層社会の民衆を歌ったものが多く、これらのテーマが一般に受けるのも日本の統治時代から続いた生活感情に通じるものがあるからでしょう。

## 歌のアドバイス

単純なメロディのなかに、民衆の落ち込んだ気持ちや、悲しみや、切なさを、感情を抑えながらつぶやくように言葉を置いていきます。

## 台湾流行歌の代表

台湾流行歌の中で最も古いものは「雨夜花」でしょう。今では世界的に台湾を代表する民謡になっています。

1931年当時、台湾は日本の植民地時代で、台湾の子供達は日本の童謡を唄っていました。黄周は「台湾新民報」で「整理歌謡的一個建議」(歌謡を整理する一つの提案)を発表し、台湾の子供は自らの地方の歌を唄うべきだと主張します。

これをきっかけに作家の廖漢臣は「春天」(春)の詞を発表し、鄧雨賢がこの詞にメロディを付けました。それは「雨夜花」のメロディーでした。そして1933年、周添旺が歌詞を変更し、現在の私たちになじみの「雨夜花」ができ上がります。1940年当時の日本は「雨夜花」を禁止し、歌詞を変え、リズムを早くし、軍歌調にしたことも一度ありました。

歌詞はある恋愛悲劇を語っています。田舎育ちの純朴な娘は故郷を離れ町に出ますが、放蕩息子と恋に落ち棄てられます。娘は酒場の女となり、夜に降る雨に打たれる花のように、ぼろぼろになり落ちていきます。

「雨夜花」は長調ですが、メロディーは美しく滑らかで抑揚があり、心の中の苦しさがよく表現されています。「雨夜花」は50年近くにわたって台湾流行歌の代表になっています。

台湾のほとんどの人は「雨夜花」を知っています。日本の植民地時代に日本文化の洗礼体験をもつ世代の台湾人にとっては、いつまでも故郷の哀愁が漂う感情をこの曲に抱きます。若い世代も台湾の懐かしい故郷の歌として歌い続けることでしょう。

# 13 高《ガオ》山《スァン》青《チン》／青い高山

Gāo shān qīng

CD-13

## 中国語歌詞

高《ガオ》山《スァン》青《チン》涧《ジェン》水《スゥイ》蓝《ラン》

Gāo shān qīng jiàn shuǐ lán

高い山は　青い色で囲まれ　谷川は　青く澄みわたる

阿《ア》里《リ》山《スァン》的《ディ》姑《グゥ》娘《ニャン》美《メイ》如《ルゥ》水《スゥイ》呀《ヤ》

ā lǐ shān dì gū niang měi rú shǔi ya

阿里山の娘は　水のように美しい

阿《ア》里《リ》山《スァン》的《ディ》少《シャオ》年《ニエン》壮《ヅァン》如《ルゥ》山《スァン》哪《ナァ》

ā lǐ shān dì shào nián zhuàng rú shān na

阿里山の少年は　山のように雄雄しい

啊《ア》　啊《ア》

a　a

あ　あ

阿《ア》里《リ》山《スァン》的《ディ》姑《グゥ》娘《ニャン》美《メイ》如《ルゥ》水《スゥイ》呀《ヤ》

ā lǐ shān dì gū niang měi rú shǔi ya

阿里山の娘は　水のように美しい

阿《ア》里《リ》山《スァン》的《ディ》少《シャオ》年《ニエン》壮《ヅァン》如《ルゥ》山《スァン》哪《ナァ》

ā lǐ shān dì shào nián zhuàng rú shān na

阿里山の少年は　山のように雄雄しい

高《ガオ》山《スァン》常《チャン》青《チン》　涧《ジェン》水《スゥイ》常《チャン》蓝《ラン》

gāo shān cháng qīng　jiàn shǔi cháng lán

高い山は　いつも青い色で囲まれ　谷川は　いつも青く澄んでいる

**姑《グゥ》娘《ニャン》和《ホゥ》那《ナァ》少《シャオ》年《ニエン》　永《ヨン》不《ブ》分《フェン》哪《ナァ》**

gū niang hé nà shào nián　yǒng bù fēn na

娘と少年は　永遠に一緒

**碧《ビ》水《スゥイ》常《チャン》围《ウェイ》着《ヅォ》青《チン》山《スァン》转《ヅゥアン》**

bì shŭi cháng wéi zhe qīng shān zhuàn

谷川の青い水は　いつも高い山をめぐり流れゆく

## 語句

涧《ジェン》 水《スゥイ》(jiàn shuǐ)：谷川

蓝《ラン》(lán)：あい色、ブルー

阿《ア》 里《リ》 山《スァン》(ā lǐ shān)：台湾にある山の名

如《ルゥ》(rú)：～ように、ごとく

壮《ヅァン》(zhuàng)：丈夫な

常《チャン》(cháng)：常に

永《ヨン》 不《ブ》 分《フェン》(yǒng bù fēn)：永遠に別れない

碧《ビ》 水《スゥイ》(bì shuǐ)：青緑色の水

围《ウェイ》 着《ヅォ》(wéi zhe)：囲む

转《ヅゥアン》(zhuàn)：ぐるぐる回る

# 高《ガオ》山《スァン》青《チン》
Gāo shān qīng

台湾山地民謡
張徹　作詞・作曲

Am Bm Em Am Emm Bm
啊《ア》
ā
Em Em Bm Bm7
阿《ア》 里山《リスァン》 的《ディ》 姑《グゥ》 娘《ニャン》 美《メイ》 如《ルゥ》
ā lǐ shān dì gū niang měi rú
Em7 Am Bm Bm7 Em Bm
水《スゥイ》 呀《ヤ》 阿《ア》 里山《リスァン》 的《ディ》 少《シャオ》 年《ニエン》 壮《ヅァン》 如《ルゥ》 山《スァン》
shuǐ ya ā lǐ shān dì shào nián zhuàng rú shān
Em Em Bm Em
哪《ナァ》 高《ガオ》 山《スァン》 常《チャン》 青《チン》
nā gāo shān cháng qīng
Am Em Bm Em
涧《ジェン》 水《スゥイ》 常《チャン》 蓝《ラン》
jiàn shuǐ cháng lán
Em Bm Bm7 Em Am
姑《グゥ》 娘和《ニャンホゥ》 那《ナァ》 少《シャオ》 年《ニエン》 永《ヨン》 不《ブ》 分《フェン》 哪《ナァ》 碧《ビ》 水《スゥイ》
gū niang hé na shào nián yǒng bù fēn na bì shuǐ

## 曲目の説明

台湾には、中国大陸からの移民の他に南方から渡来してきた原マライ族の原住民が少数ながら今も住んでいます。9つほどの部族に分類される彼らは山地同胞と名付けられています。

山地同胞の民謡曲として広く歌われているのがこの「高山青《ガオスァンチン》」（別名“阿里山の姑娘”）です。阿里山周辺のものとすれば、ツォウ族のメロディーと思われます。

## 歌のアドバイス

阿里山周辺の少数民族の少年少女等が、団体で踊りながら歌う明るい曲。音頭を強くし楽しさが前面に出るようリズム感を出して歌いましょう。

## 民族を越えて

台湾民謡「高山青《ガオスァンチン》」の別の名称は「阿里山の娘」です。実はこの歌は台湾原住民の高山族が住む阿里山の民謡です。

台湾の原住民は何千年もの歴史を持ち、その文化は世界の中でも貴重なものとなっています。台湾の原住民は南洋マライ族といわれています。漢民族が入る前に存在していました。原住民は現在40万人ほどの人口で、文化の違いにより9つほどの部族に分かれ、言葉、服装、生活方式も違います。近代化のため、原住民の風俗、文化は大きく変わってきています。阿里山に住んでいる高山族はいまだに生活の特徴を保っていますが、平原に住む原住民は漢民族に同化されています。今の台湾は先住民族の尊重のため、その文化、権利が重視され、保護されています。今の時代は民族の文化の共生存、共繁栄、共融合がとても重要なことだと思います。

「高山青」の編曲者、鄧雨賢は漢民族で、台湾原住民の民謡音楽を編曲の材料とし、歌詞は阿里山の神話からの創作です。阿里山の少年と少女の純粋な愛情を軽快なリズムと優美な旋律で表現しています。高山族の音楽は五音階が主になっていて音域も比較的広く、旋律は流ちょうで独特な味わいをもって人々をひきつけます。純朴で情熱的、自由奔放は原住民族の歌舞の魅力です。

台湾の代表的な民謡「高山青」は今では世界の名曲になりました。「高山青」の音楽が流れると、台湾阿里山の原住民の人々が私に呼びかけてきて、その人々の踊りと明るい歌が聞こえてくるような、そんな気がしてなりません。文化の異なるあらゆる民族が団結して平和の歌を歌う声が聞こえてくる時代が来ることを願っています。

# 14 北《ベイ》国《グォ》之《ヅ》春《チュン》／北国の春

Běi guó zhī chūn

CD-14

## 中国語歌詞

亭《ティン》亭《ティン》白《バイ》桦《ホア》　悠《ヨゥ》悠《ヨゥ》碧《ビ》空《コン》　微《ウェイ》微《ウェイ》南《ナン》来《ライ》风《フォン》
Tíng tíng bái huà yōu yōu bì kōng wēi wēi nán lái fēng
白樺　青空　南風

木《ム》兰《ラン》花《ホア》开《カイ》山《スァン》岗《ガン》上《シャン》　北《ベイ》国《グォ》的《ディ》春《チュン》天《ティエン》
mù lán huā kāi shān gǎng shàng běi guó dì chūn tiān
こぶし咲くあの丘　北国の　ああ北国の春

啊《ア》　北《ベイ》国《グォ》的《ディ》春《チュン》天《ティエン》已《イ》来《ライ》临《リン》
a běi guó dì chūn tiān yǐ lái lín
ああ北国の春

城《チァン》里《リ》不《ブ》知《ズ》季《ジィ》节《ジェ》变《ビェン》换《ホアン》　不《ブ》知《ズ》季《ジィ》节《ジェ》　已《イ》变《ビェン》换《ホァン》
chéng lǐ bù zhī jì jié biàn huàn bù zhī jì jié yǐ biàn huàn
季節が都会では　わからないだろうと

妈《マ》妈《マ》犹《ヨゥ》在《ヅァイ》寄《ジィ》来《ライ》包《バオ》裹《グォ》　送《ソウ》来《ライ》寒《ハン》衣《イ》御《ユイ》严《イエン》冬《ドン》
mā mā yóu zài jì lái bāo guǒ sòng lái hán yī yù yán dōng
届いたおふくろの　小さな包み

故《グゥ》乡《シャン》啊《ア》　故《グゥ》乡《シャン》　我《ウォ》的《ディ》故《グゥ》乡《シャン》
gù xiāng a gù xiāng wǒ dì gù xiāng
あの故郷へ

何《ホゥ》时《ス》能《ノン》回《ホゥエイ》你《ニィ》怀《ホァイ》中《ヅォン》
hé shí néng huí nǐ huái zhōng
帰ろかな　帰ろかな

残《ツァン》雪《シュエ》消《シャオ》融《ロン》　溪《シ》流《リュウ》淙《ツォン》淙《ツォン》　独《ドウ》木《ム》桥《チャオ》自《ズ》横《ハン》
cán xuě xiāo róng　xī liú cóng cóng　dú mù qiáo zì héng
雪どけ　せせらぎ　丸木橋

嫩《ネン》芽《ヤ》初《チュウ》上《シャン》落《ルオ》叶《イエ》松《ソン》　北《ベイ》国《グォ》的《ディ》春《チュン》天《ティエン》
nèn yá chū shàng luò yè sōng　běi guó dì chūn tiān
からまつの芽がふく　北国の

北《ベイ》国《グォ》的《ディ》春《チュン》天《ティエン》已《イ》来《ライ》临《リン》
běi guó dì chūn tiān yǐ lái lín
ああ北国の春

虽《スゥイ》然《ラン》我《ウォ》们《メン》内《ネイ》心《シン》已《イ》相《シャン》爱《アイ》
suī rán wǒ men nèi xīn yǐ xiāng ài
好きだとお互いに

至《ヅ》今《ジン》尚《シャン》未《ウェイ》吐《トゥ》真《ヅェン》情《チン》　分《フェン》别《ビェ》已《イ》经《ジン》五《ウ》年《ニェン》整《ジェン》
zhì jīn shàng wèi tǔ zhēn qíng　fēn bié yǐ jīng wǔ nián zhěng
言い出せないまま　別れてもう五年

我《ウォ》的《ディ》姑《グゥ》娘《ニャン》可《ク》安《アン》宁《ニン》
wǔ dì gū niang kě ān níng
あの子はどうしてる

故《グゥ》乡《シャン》啊《ア》故《グゥ》乡《シャン》　我《ウォ》的《ディ》故《グゥ》乡《シャン》
gù xiāng a gù xiāng　wǒ dì gù xiāng
あの故郷へ

何《ホゥ》时《ス》能《ノン》回《ホゥェイ》你《ニィ》怀《ホァイ》中《ヅォン》
hé shí néng huí nǐ huái zhōng
帰ろかな　帰ろかな

棣《ディ》棠《タン》从《ツォン》从《ツォン》　朝《ヅャオ》雾《ウ》蒙《モン》蒙《モン》
dì táng cóng cóng　zhāo wù méng méng
山吹　朝霧

水《スゥイ》车《ツェ》小《シャオ》屋《ウ》静《ジン》　传《ツゥアン》来《ライ》阵《ヅェン》阵《ヅェン》儿《アル》歌《グゥ》声《ション》
shuǐ chē xiǎo wū jìng　chúan lái zhèn zhèn er gē shēng
水車小屋　わらべ唄　聞こえる

北《ベイ》国《グォ》的《ディ》春《チュン》天《ティエン》　啊《ア》　北《ベイ》国《グォ》的《ディ》春《チュン》天《ティエン》已《イ》来《ライ》临《リン》
běi guó dì chūn tiān　a　běi guó dì chūn tiān yǐ lái lín
北国の　ああ北国の春

家《ジャ》兄《ション》酷《ク》似《ス》老《ラオ》父《フ》亲《チン》　一《イ》对《ドイ》沉《チェン》默《モ》寡《グァ》言《イエン》人《レン》
jiā xiōng kù sì lǎo fù qīn　yí duì chén mò guǎ yán rén
兄貴も親父似で　無口なふたりだが

可《ク》曾《チェン》闲《シェン》来《ライ》愁《ツォウ》苦《ク》酒《ジウ》　偶《アオ》而《アル》相《シャン》对《ドイ》饮《イン》几《ジィ》盅《ヅォン》
kě céng xián lái chóu kǔ jiǔ　ǒu ér xiāng duì yǐn jǐ zhōng
たまには酒でも　飲んでるだろか

故《グゥ》乡《シャン》啊《ア》　故《グゥ》乡《シャン》　我《ウォ》的《ディ》故《グゥ》乡《シャン》
gù xiāng a　gù xiāng　wǒ dì gù xiāng
あの故郷へ

何《ホゥ》时《ス》能《ノン》回《ホゥエイ》你《ニィ》怀《ホァイ》中《ヅォン》
hé shí néng huí nǐ huái zhōng
帰ろかな　帰ろかな

## 語句

亭《ティン》　亭《ティン》(tíng tíng)：木などが真っ直ぐ伸びているさま

白《バイ》　桦《ホア》(bái huà)：白樺

悠《ヨゥ》　悠《ヨゥ》(yōu yōu)：ゆうゆうとしているさま

碧《ビ》　空《コン》(bì kōng)：青い空

微《ウェイ》　微《ウェイ》(wēi wēi)：かすかな

木《ム》　兰《ラン》　花《ホア》(mù lán huā)：木蓮の花

山《スァン》　岗《ガン》(shān gǎng)：丘

春《チュン》　天《ティエン》(chūn tiān)：春

已《イ》(yǐ)：すでに

来《ライ》　临《リン》(lái lín)：訪れる、くる

不《ブ》　知《ズ》(bù zhī)：知らぬ

季《ジ》　节《シエ》　变《ピエン》　换《ホァン》：季節の変わり
(jì jié biàn huàn)

犹《ヨゥ》(yóu)：～ようだ

在《ヅァ》(zài)：～しつつある

寄《ジィ》　来《ライ》(jì lái)：届ける

包《パオ》　裹《グォ》(bāo guǒ)：包み

御《ユイ》(yù)：防ぐ

严《イェ》　冬《ドン》(yán dōng)：厳しい冬

何《ホゥ》　时《ス》　能　回《ノンホゥェイ》：いつ帰ることができるかな
(hé shí néng huí)

怀《ホアイ》　中《ヅオン》(huái zhōng)：胸の中

消《シャオ》　融《ロン》(xiāo róng)：雪や氷がとける

溪《シ》　流《リュウ》(xī liú)：谷川

淙《ツォン》　淙《ツォン》(cóng cóng)：けいりゅう、さらさら

独《ドウ》　木《ム》　桥《チャオ》(dú mù qiáo)：丸木橋

自《ズ》　横《ハン》(zì héng)：自由に横にする

嫩《ネン》　芽《ヤ》(nèn yá)：新芽

落《ルオ》　叶《イエ》　松《ソン》(luò yè sōng)：からまつ

虽《スゥイ》　然《ラン》(suī rán)：けれども

内《ネイ》　心《シン》(nèi xīn)：心の中

至《ヅ》　今《ジン》(zhì jīn)：今まで

尚《シャン》　未《ウェイ》(shàng wèi)：なお、まだ

吐《トゥ》(tǔ)：話す、吐き出す

整《ジェン》(zhěng)：ちょうど

棣《ディ》　棠《タン》(dì táng)：山吹

可《ク》　安《アン》　宁《ニン》(kě ān níng)：安定しているだろうか

丛《ツォン》　丛《ツォン》(cóng cóng)：群がる

朝《ヅャオ》　雾《ウ》(zhāo wù)：朝霧

蒙《モン》　蒙《モン》(méng méng)：しとしと

静《ジン》(jìng)：静か

传《ツゥアン》　来《ライ》(chúan lái)：伝わる

阵《ヅェン》　阵《ヅェン》(zhèn zhèn)：しきりに

家《ジャ》　兄《シォン》(jiā xiōng)：兄さん、兄貴

酷《ク》　似《ス》(kù sì)：すごく似ている

一《イ》　对《ドイ》(yī duì)：対、組（兄と父）ペア

沉《チェン》　默《モ》　寡《グァ》　言《イェン》(chén mò guǎ yán)：無口な

可《ク》　曾《チェン》(kě céng)：かつてする

闲《シェン》　来《ライ》(xián lái)：暇なとき

愁《ツォウ》　苦《ク》　酒《ジウ》(chóu kǔ jiǔ)：苦い酒

偶《アオ》　而《アル》(ǒu ér)：たまには

相《シャン》　对《ドィ》(xiāng duì)：向かい合う

盅《ヅォン》(zhōng)：盃

# 北《ベィ》国《グォ》之《ヅ》春《チュン》

Běi guó zhī chūn

いではく　作詞
遠藤実　作曲

♩=88
B♭ Dm7 Cm E♭ B♭
B♭ Cm E♭ B♭ E♭ B♭
ティンティンバイホァ　ヨゥヨゥビ　コン　ウェイ　ウェイ　ナン　ライ　フォン
亭亭白桦　悠悠碧空微　微南来风
Tíng tíng bái huà　yōu yōu bì kōng wēi　wēi nán lái fēng
E♭ B♭ B♭ Cm F7 B♭
ム ラン ホアカイ スァン　ガンシャン　ベイ グォ ディチュンティエン　ア　ベイ グォ　ディチュンティエンイライ　リン
木兰花开山岗上　北国的春天啊　北国的春天已来临
mù lán huā kāi shān gǎng shàng　běi guó dì chūn tiān a　běi guó dì chūn tiān yǐ lái lín
F7 B♭ Gm Cm F7
チァン　リ ブ　ズ　ジィジェ　ビェン　ホァン　ブ ズ　ジィジェ　イ　ビェン　ホァン
城里不知季节变换　不知季节已变换
chéng lǐ bù zhī jì jié biàn huàn　bù zhī jì jié yǐ biàn huàn
B♭ D7 Gm B♭ B♭ Cm F7
マ　マ ヨゥ　ヴァイ　ジライ パオ　グォ　ソンライ　ハン　イ　ユイ　イェン　ドン　グゥシャン
妈妈犹在　寄来包裹送来寒衣御严冬　故乡
mā mā yóu zài　jì lái bāo guǒ sònglái hán yī yù yán dōng　gù xiāng
B♭ Dm Gm B♭ Cm E♭ B♭
ア　グゥ　シャン　ウォディ グゥ　シャン　ホゥ　ス　ノンホゥェイニィホァイ　ヅォン
啊故乡　我的故乡　何时能回你怀中
a gù xiāng　wǒ dì gù xiāng　hé shí néng huí nǐ huái zhōng

## 曲目の説明

遠藤実作曲、いではく作詞、千昌夫唄で1977年（昭和52年）4月に発売されました。翌年の後半から売れ始め、2年後になって爆発的なヒット曲になったという珍しいケースです。日本だけでなく10億人の人々に愛唱される世界のヒット曲といっていいでしょう。大衆歌謡の振興に寄与されたとして日本レコード大賞特別賞を受賞し、また、1983年（昭和58年）には海外への普及により国際親善音楽賞をも受賞しました。

## 日本語歌詞

作詞：いではく

(1) 白樺　青空　南風
こぶし咲くあの丘
北国の　ああ北国の春
季節が都会では　わからないだろうと
届いたおふくろの　小さな包み
あの故郷へ　帰ろかな　帰ろかな

(2) 雪どけ　せせらぎ　丸木橋
からまつの芽がふく
北国の　ああ北国の春
好きだとお互いに　言い出せないまま
別れてもう五年　あの娘はどうしてる
あの故郷へ　帰ろかな　帰ろかな

(3) 山吹　朝霧　水車小屋
わらべ唄　聞こえる
北国の　ああ北国の春
兄貴も親父似で　無口なふたりだが
たまには酒でも　飲んでるだろか
あの故郷へ　帰ろかな　帰ろかな

## 歌のアドバイス

この曲はよく知られた歌で、誰もがこの曲に出会って心の安らぎを得ます。明るい感じの中に悲しさがあり、故郷に帰ってみたくなる曲です。しかも中国の歌詞も日本の歌詞と同じです。懐かしい故郷を思いつつ、歌詞もメロディも温かく、手作りの愛情みたいなこの曲の雰囲気を感じながら歌いましょう。おおらかに、また穏やかにメロディの美しさを出せばよいでしょう。

## 春は必ず来る

「北国の春」は日本の演歌です。演歌は日本の伝統的な唱法で、日本人の肌合い、情緒、民衆心理を融合させた歌です。「北国の春」も人間の心に宿す郷愁を誘い、大ヒットとなりました。

当時、作曲家の遠藤実は作詞家の「いではく」の詞を読んだ時に体中に熱い震えが走り、これだ、常々書きたいと願っていたのはこういう詩だと感じたそうです。故郷に寄せる思いとその風景をまぶたに描いただけで涙がにじみ、遠藤実はわずか５分ほどでこの曲を書き上げたとのこと。昭和52年に売り出し、一年後に燎原の火のごとく全国に燃え広がります。もちろん歌手の千昌夫の意気込みと歌唱力もありました。「北国の春」は日本レコード大賞特別賞、また国際親善音楽賞も受賞しています。

歌には国境がありません。昭和57年4月に遠藤実と「いではく」はそろって中国の北京、上海、蘇州、杭州を訪問しましたが、「北国の春」は中国の歌手蒋大為（ジャンダイウェイ）により中国でも大流行しました。中国語の歌詞は日本語から忠実に直訳され、題名もそのままで、原作者の二人は中国で大歓迎されました。そして香港、台湾、東南アジアなど世界中の人々に愛われて、歌詞もそれぞれの国の言葉に変えられました。題名も「あなたとわたし」「榕樹下」「故郷の雨」などに変わり、恋の歌や田園歌になりました。

「北国の春」は、人々が奮闘して自己実現する様が表現されています。昔も今もこれからも恐れを知らずに故郷を離れ、夢を追いかけて都会へ飛び出す人々がいます。現実の生活や仕事のため、故郷を懐かしむ思いを心に抱きしめ、それを新たな原動力にするのでしょう。そうしてこそ人生の春も来るのだと思います。

# 想いを伝える
# 愛のワンフレーズ

# I 恋愛編

## 1 甘味の部

CD-15

1．愛してる！

我《ウォ》爱《アイ》你《ニィ》！

wǒ ài nǐ

2．あなたを心から愛しています！

我《ウォ》从《ツォン》心《シン》里《リ》爱《アイ》你《ニィ》！

wǒ cóng xīn lǐ ài nǐ

3．大好きよ！

太《タイ》喜《シイ》欢《ホアン》你《ニィ》了《ラ》！

tài xǐ huān nǐ le

4．あなたに酔っています！

我《ウォ》为《ウェイ》你《ニィ》陶《タオ》醉《ヅュイ》！

wǒ wèi nǐ táo zuì

CD-16

5．あなたはとても美しい人ですね ！

你《ニィ》真《ヅェン》的《ダ》很《ヘン》美《メイ》！

nǐ zhēn de hěn měi

6．あなたはいつもやさしいですね 。

你《ニィ》总《ヅォン》是《ス》那《ナァ》么《モ》亲《チン》切《チェ》。

nǐ zǒng shì nà me qīn qiè

7．あなたはとても面白い人ですね 。

你《ニィ》真《ヅェン》是《ス》非《フェイ》常《チャン》有《ヨゥ》意《イ》思《ス》的《ダ》人《レン》。

nǐ zhēn shì fēi cháng yǒu yì si de rén

8．今が最高に幸せです！

现《シェン》在《ヅァイ》是《ス》最《ヅュイ》幸《シン》福《フ》的《ダ》时《ス》候《ホウ》！

xiàn zài shì zuì xìng fú de shí hou

9．髪が素敵ですね ！

你《ニィ》头《トウ》发《ファ》真《ヅェン》漂《ピャオ》亮《リャン》！

nǐ tóu fa zhēn piào liang

10．いいスタイルですね ！

你《ニィ》身《シェン》材《ツァイ》真《ヅェン》好《ハオ》！

nǐ shēn cái zhēn hǎo

11．とても頭がいいですね！

你《ニィ》脑《ナオ》子《ズ》真《ヅェン》好《ハオ》！

nǐ nǎo zi zhēn hǎo

CD-17

12．あなたの瞳はきれいですね ！

你《ニィ》眼《イェン》睛《ジン》真《ヅェン》美《メイ》！

nǐ yǎn jing zhēn měi

13．とても似合うよ！

非《フェイ》常《チャン》适《ス》合《ホゥ》你《ニィ》！

fēi cháng shì hé nǐ

14．その服とても似合いますね 。

这《ヅォ》件《ジェン》衣《イ》服《フ》很《ヘン》适《ス》合《ホゥ》你《ニィ》。

zhè jiàn yī fú hěn shì hé nǐ

15．やっとあなたにめぐり会えました ！

总《ヅォン》算《スァン》遇《ユィ》到《ダオ》了《ラ》心《シン》上《シャン》人《レン》！

zǒng suàn yù dào le xīn shàng rén

16．いつもあなたのことを想っています 。

我《ウォ》一《イ》直《ズ》在《ヅァイ》想《シャン》你《ニィ》。

wǒ yì zhí zài xiǎng nǐ

17．もう一度きっと、会って下さいね 。

相《シャン》信《シン》我《ウォ》们《メン》还《ハイ》会《ホゥェイ》再《ヅァイ》相《シャン》见《ジェン》。

xiāng xìn wǒ men hái huì zài xiāng jiàn

18．あなたの声はとてもきれいです 。

你《ニィ》的《ダ》声《ション》音《イン》真《ヅェン》漂《ピャオ》亮《リャン》。

nǐ de shēng yīn zhēn piào liang

CD-18

19．私を支えてくれてありがとう！

谢《シェ》谢《シェ》你《ニィ》对《ドィ》我《ウォ》的《ダ》支《ヅ》持《チィ》！

xiè xie nǐ duì wǒ de zhī chí

20．あなたって正直な人ですね 。

你《ニィ》真《ヅェン》是《ス》个《グゥ》正《ジェン》直《ヅ》的《ダ》人《レン》！

nǐ zhēn shì ge zhèng zhí de rén

21．あなたに会えて大変嬉しい ！

见《ジェン》到《タオ》你《ニィ》非《フェイ》常《チャン》高《ガオ》兴《シン》！

jiàn dào nǐ fēi cháng gāo xìng

22．あなたは色っぽいね！

你《ニィ》很《ヘン》性《シン》感《ガン》！

nǐ hěn xìng gǎn

23．今夜は一緒にいてね

让《ラン》我《ウォ》们《メン》今《ジン》晚《ワン》在《ヅァイ》一《イ》起《チィ》吧《バァ》

ràng wǒ men jīn wǎn zài yì qǐ ba

24．いつまでも待ってます！

什《シェン》么《モ》时《ス》候《ホウ》都《ドォウ》等《ドゥン》着《ヅォ》你《ニィ》！

shén me shí hou dōu děng zhe nǐ

25．あなたは何でそんなにきれいなの!

你《ニィ》怎《ヅン》么《モ》这《ヅォ》么《モ》美《メイ》！

nǐ zěn me zhè me měi

CD-19

26. 私はあなたに一目ぼれ!

我《ウォ》对《ドイ》你《ニィ》一《イ》见《ジェン》钟《ヅォン》情《チン》！

wǒ duì nǐ yí jiàn zhōng qíng

27. あなたは～にとても似てますね 。

你《ニィ》真《ヅェン》的《ダ》很《ヘン》像《シャン》～《～》 。

nǐ zhēn de hěn xiàng

28. あなたと別れられない 。

我《ウォ》不《ブ》能《ノン》跟《ゲン》你《ニィ》分《フェン》开《カイ》 。

wǒ bù néng gēn nǐ fēn kāi

29. あなたがいないと生きられないわ!

没《メイ》有《ヨウ》你《ニィ》我《ウォ》不《ブ》能《ノン》活《ホオ》！

méi yǒu nǐ wǒ bù néng huó

30. あなたはとても可愛い人ですね 。

你《ニィ》真《ヅェン》的《ダ》很《ヘン》可《ク》爱《アイ》 。

nǐ zhēn de hěn kě ài

31. きみって明るい人ですね。

你《ニィ》真《ヅェン》是《ス》个《グゥ》开《カイ》朗《ラン》的《ダ》人《レン》 。

nǐ zhēn shì gè kāi lǎng de rén

32. 嬉しくて眠れない。

高《ガオ》兴《シン》得《ダ》睡《スゥイ》不《ブ》着《ヅャオ》觉《ジャオ》 。

gāo xìng de shuì bù zháo jiào

CD-20

33．会いたいな！

想《シャン》 见《ジェン》 你《ニィ》 ！

xiǎng jiàn nǐ

34．あなたとずっと一緒にいたい！

想《シャン》 跟《グン》 你《ニィ》 一《イ》 直《ヅゥ》 在《ヅァイ》 一《イ》 起《チィ》 ！

xiǎng gēn nǐ yì zhí zài yì qǐ

35．あなたは私の好みのタイプよ！

你《ニィ》 是《ス》 我《ウォ》 的《ダ》 理《リ》 想《シャン》 佳《ジャ》 人《レン》 ！

nǐ shì wǒ de lǐ xiǎng jiā rén

36．あなた好みになりたい！

想《シャン》 成《チァン》 为《ウェイ》 你《ニィ》 喜《シ》 欢《ホアン》 的《ダ》 人《レン》 ！

xiǎng chéng wéi nǐ xǐ huān de rén

37．素敵よ！

妙《ミャオ》 极《ジィ》 了《ラ》 ！

miào jí le

38．きれいだね！

真《ヅェン》 漂《ピャオ》 亮《リャン》 ！

zhēn piào liang

39．美しい！

真《ヅェン》 美《メイ》 丽《リ》 ！

zhēn měi lì

CD-21

40．夢みたい！

像《シャン》 做《ヅォ》 梦《モン》 一《イ》 样《ヤン》 ！

xiàng zuò mèng yí yàng

41．最高よ！

棒《バン》 极《ジィ》 了《ラ》 ！

bàng jí le

42．素晴らしい！

好《ハオ》 极《ジィ》 了《ラ》 ！

hǎo jí le

43．あなたは私の女神です！

你《ニィ》 是《ス》 我《ウォ》 的《ダ》 女《ニウ》 神《シェン》 ！

nǐ shì wǒ de nǚ shén

44．あなたはこの世で一番大切な人！

你《ニィ》 是《ス》 世《ス》 界《ジェ》 上《シャン》 最《ヅュイ》 重《ヅォン》 要《ヤオ》 的《ダ》 人《レン》 ！

nǐ shì shì jiè shàng zuì zhòng yào de rén

45．あなたのために頑張る！

为《ウェイ》 你《ニィ》 而《アル》 努《ヌゥ》 力《リ》 ！

wèi nǐ ér nǔ lì

46．あなたのために生きる！

为《ウェイ》 你《ニィ》 而《アル》 活《ホオ》 ！

wèi nǐ ér huó

CD-22

47. あなたは私のかけがえのない人です！

你《ニィ》 是《ス》 我《ウォ》 的《ダ》 唯《ウェイ》 一《イ》 ！

nǐ shì wǒ de wéi yī

48. 私のことを忘れないでね！

不《ブ》 要《ヤオ》 忘《ウワン》 了《ラ》 我《ウォ》 ！

bú yào wàng le wǒ

49. 思い出をたくさんありがとう!

谢《シェ》 谢《シェ》 你《ニィ》 给《ゲイ》 了《ラ》 我《ウォ》 很《ヘン》 多《ドゥオ》 回《ホゥエイ》 忆《イ》 ！

xiè xie nǐ gěi le wǒ hěn duō huí yì

# 2 辛味の部

CD-23

1. うそ！

胡《ホゥ》 说《シュオ》 ！

hú shuō

2. 考えすぎよ！

想《シャン》 得《ダ》 太《タイ》 多《ドゥオ》 了《ラ》 ！

xiǎng de tài duō le

3. だまさないでね！

不《ブ》 要《ヤオ》 骗《ピェン》 我《ウォ》 ！

bú yào piàn wǒ

4. うるさいな！

烦《ファン》 死《ス》 了《ラ》 ！

fán sǐ le

CD-24

5. 自分を何様と思ってるの！

你《ニィ》知《ヅ》你《ニィ》是《ス》谁《スェイ》啊《ア》！

nǐ zhī nǐ shì shéi ā

6. 恥ずかしいよ！

真《ヅェン》难《ナン》为《ウェイ》情《チン》！

zhēn nán wéi qíng

7. 怒らないでよ！

不《ブ》要《ヤオ》生《ション》气《チィ》！

bú yào shēng qì

8. 謝ってなんか欲しくないわ！

不《ブ》要《ヤオ》你《ニィ》的《ダ》道《ダオ》歉《チェン》！

bú yào nǐ de dào qiàn

9. すみません！

对《ドゥイ》不《ブ》起《チィ》！

duì bù qǐ

10. あきれた！

没《メイ》话《ホア》可《ク》说《シュオ》了《ラ》！

méi huà kě shuō le

11. まったく！

什《シェン》么《モ》呀《ヤ》！

shén me yā

CD-25

12. はらたつ！

发《ファ》火《ホオ》了《ラ》！

fā huǒ le

13. まいったよ！

服《フ》了《ラ》你《ニィ》了《ラ》！

fú le nǐ le

14. 冗談だよ！

开《カイ》玩《ワン》笑《シャオ》！

kāi wán xiào

15. どうでもいい！

怎《ヅン》么《モ》都《ドォウ》行《シン》！

zěn me dōu xíng

16. 勝手にして！

随《スゥイ》你《ニィ》去《チュイ》吧《バァ》！

suí nǐ qù ba

17. もう別れましょう！

好《ハオ》，分《フェン》手《スォウ》吧《バァ》！

hǎo fēn shǒu ba

18. なに考えてるの。

你《ニィ》在《ヅァイ》想《シャン》什《シェン》么《モ》呀《ヤ》。

nǐ zài xiǎng shén me ya

CD-26

19. もうやめて！

好《ハオ》了《ラ》别《ビェ》这《ヴォ》样《ヤン》！

hǎo le bié zhè yàng

20. あなたって鈍感ね！

你《ニィ》真《ヴェン》迟《チィ》钝《ドゥン》！

nǐ zhēn chí dùn

21. あなた誤解してます！

你《ニィ》误《ウ》会《ホゥエイ》了《ラ》！

nǐ wù huì le

22. ばか

傻《スァ》瓜《グァ》

shǎ guā

23. 嫌いよ！

真《ヴェン》讨《タオ》厌《イエン》!

zhēn tǎo yàn

24. あなたを恨んでる！

恨《ヘン》死《ス》你《ニィ》了《ラ》！

hèn sǐ nǐ le

25. 死んだら！

去《チュイ》死《ス》吧《バァ》！

qù sǐ ba

CD-27

26. 切ないね・・・

好《ハオ》 痛《トン》 苦《ク》・・・

hǎo tòng kǔ

27. 心が痛いよ！

好《ハオ》 心《シン》 痛《トン》 ！

hǎo xīn tòng

28. なぐさめて欲しい！

安《アン》 慰《ウェイ》 我《ウォ》 吧《バァ》 ！

ān wèi wǒ ba

# Ⅱ 感情編

CD-28

1. 気持ちいい！

好《ハオ》舒《スゥ》服《フ》！

hǎo shū fu

2. 嬉しい！

太《タイ》高《ガオ》兴《シン》了《ラ》！

tài gāo xìng le

3. すごい！

了《リャオ》不《ブ》起《チィ》！

liǎo bù qǐ

4. うらやましい！

好《ハオ》羡《シェン》慕《ム》！

hǎo xiàn mù

CD-29

5. 面白いよ！

很《ヘン》有《ヨゥ》趣《チュイ》！

hěn yǒu qù

6. つまんないな！

没《メイ》意《イ》思《ス》！

méi yì si

7. 偉いよ！

真《ヴェン》伟《ウェイ》大《ダ》！

zhēn wěi dà

8. 感無量です！

真《ヴェン》是《ス》感《ガン》慨《カイ》万《ワン》分《フェン》！

zhēn shì gǎn kǎi wàn fēn

9. 良かったね！

太《タイ》好《ハオ》了《ラ》！

tài hǎo le

10. 大変だ！

不《ブ》得《ダ》了《リャオ》了《ラ》！

bù dé liǎo le

11. びっくりしました！

吓《シャ》我《ウォ》一《イ》跳《ティアオ》！

xià wǒ yí tiào

CD-30

12. 怖いですね！

好《ハオ》 可《ク》 怕《パ》 ！

hǎo kě pà

13. かわいそう！

好《ハオ》 可《ク》 怜《リェン》 ！

hǎo kě lián

14. 悲しいですね！

好《ハオ》 悲《ベイ》 伤《シャン》 ！

hǎo bēi shāng

15. ひどいわ！

太《タイ》 过《グォ》 分《フェン》 了《ラ》 ！

tài guò fèn le

16. 意外だな！

好《ハオ》 意《イ》 外《ウァイ》 ！

hǎo yì wài

17. 信じられないわ！

不《ブ》 可《ク》 相《シャン》 信《シン》 ！

bù kě xiāng xìn

18. 驚いた！

真《ヅェン》 让《ラン》 人《レン》 吃《チィ》 惊《ジン》 ！

zhēn ràng rén chī jīng

CD-31

19. しかたないんだよ！

没《メイ》法《ファ》子《ズ》！

méi fá zi

20. 運が良かったよ！

运《ユン》气《チィ》真《ヅェン》好《ハオ》！

yùn qi zhēn hǎo

21. 安心しました！

放《ファン》心《シン》了《ラ》！

fàng xīn le

22. やった！

成《チァン》功《ゴン》了《ラ》！

chéng gōng le

23. おかしいね。

好《ハオ》奇《チィ》怪《グァイ》。

hǎo qí guài

24. 残念ですね！

真《ヅェン》遗《イ》憾《ハン》！

zhēn yí hàn

25. 感動しました！

真《ヅェン》感《ガン》动《ドン》！

zhēn gǎn dòng

# Ⅲ 家族編

CD-32

1. お母さん、お誕生日おめでとう！

妈《マ》妈《マ》、祝《ヅゥ》你《ニィ》生《ション》日《ルィ》快《クァイ》乐《ラ》！

mā ma zhù nǐ shēng rì kuài lè

2. いつも母の笑顔を思い出します。

总《ヅォン》是《ス》想《シャン》起《チィ》妈《マ》妈《マ》的《ダ》笑《シャオ》容《ロン》。

zǒng shì xiǎng qǐ mā ma de xiào róng

3. お母さんのこと頼むね！

妈《マ》妈《マ》的《ダ》事《ス》拜《バイ》托《トゥオ》了《ラ》！

mā ma de shì bài tuō le

4. お母さん、お世話できなくて申し訳ありません。

妈《マ》妈《マ》、对《ドイ》不《ブ》起《チィ》、没《メイ》能《ノン》照《ヅャオ》顾《グゥ》你《ニィ》。

mā ma duì bù qǐ méi néng zhào gu nǐ

CD-33

5. いつもお父さんお母さんを尊敬してます。

我《ウォ》 一《イ》 直《ヅ》 很《ヘン》 尊《ズゥン》 敬《ジン》 父《フ》 母《ム》 。
wǒ yì zhí hěn zūn jìng fù mǔ

6. お母さんの具合はどうですか？

妈《マ》 妈《マ》 的《ダ》 身《シェン》 体《ティ》 怎《ヅン》 么《モ》 样《ヤン》 ？
mā ma de shēn tǐ zěn me yàng

7. 無理しないでね。

身《シェン》 体《ティ》 不《ブ》 能《ノン》 过《グォ》 分《フェン》 勉《ミェン》 强《チャン》 。
shēn tǐ bù néng guò fèn miǎn qiáng

8. 体に気をつけてね。

自《ズ》 己《ジィ》 当《ダン》 心《シン》 身《シェン》 体《ティ》 。
zì jǐ dāng xīn shēn tǐ

9. 心配しないで下さい！

不《ブ》 要《ヤオ》 为《ウェイ》 我《ウォ》 担《ダン》 心《シン》 ！
bú yào wèi wǒ dān xīn

10. お母さん、ご心配かけました 。

妈《マ》 妈《マ》、让《ラン》 您《ニン》 担《ダン》 心《シン》 了《ラ》 。
mā ma ràng nín dān xīn le

11. ご家族の皆さん、お変わりございませんか？

家《ジャ》 里《リ》 人《レン》 都《ドォウ》 好《ハオ》 吗《マ》 ？
jiā lǐ rén dōu hǎo ma

CD-34

12. お母さん、いつまでもお元気でね！

妈《マ》 妈《マ》、祝《ヅゥ》 你《ニィ》 健《ジェン》 康《カン》 长《チャン》 寿《スォウ》 ！

mā ma zhù nǐ jiàn kāng cháng shòu

13. 家族の無事が何よりです。

家《ジヤ》 人《レン》 一《イ》 切《チェ》 平《ピン》 安《アン》 比《ビ》 什《シェン》 么《モ》 都《ドゥオ》 好《ハオ》 。

jiā rén yí qiè píng ān bǐ shén me dōu hǎo

14. やっと親孝行ができました ！

总《ヅォン》 算《スァン》 孝《シャオ》 顺《スン》 了《ラ》 一《イ》 下《シャ》 父《フ》 母《ム》 ！

zǒng suàn xiào shùn le yí xià fù mǔ

15. 常に笑顔をなくさないでね 。

不《ブ》 要《ヨオ》 忘《ウワン》 了《ラ》 笑《シャオ》 颜《イェン》 常《チャン》 开《カイ》 。

bú yào wàng le xiào yán cháng kāi

16. お兄さんの仕事うまくいってますか？

哥《グゥ》 哥《グゥ》 的《ダ》 工《ゴン》 作《ヅォ》 顺《スン》 利《リ》 吗《マ》 ？

gē ge de gōng zuò shùn lì ma

17. 応援してくれた兄と姉に感謝します！

谢《シェ》 谢《シェ》 哥《グゥ》 哥《グゥ》、姐《ジェ》 姐《ジェ》 对《ドイ》 我《ウォ》 的《ダ》 支《ヅ》 援《ユァン》 ！

xiè xie gē ge jiě jie duì wǒ de zhī yuán

18. お母さん、私のわがまま許してください 。

妈《マ》 妈《マ》、原《ユァン》 谅《リャン》 我《ウォ》 的《ダ》 任《レン》 性《シン》 。

mā ma yuán liàng wǒ de rèn xìng

CD-35

19. 無事を祈ります。

希《シ》望《ウワン》一《イ》切《チェ》平《ピン》安《アン》。

xī wàng yí qiè píng ān

20. 子供を健康に育ててくれたら何も望みません。

孩《ハイ》子《ズ》只《ヅ》要《ヤオ》健《ジェン》康《カン》成《チァン》长《ヴァン》、再《ヴァイ》没《メイ》有《ヨゥ》别《ビェ》的《ダ》奢《スァ》求《チィウ》。

hái zi zhǐ yào jiàn kāng chéng zhǎng zài méi yǒu bié de shē qiú

21. 子供の健やかな成長を祈ります。

祝《ヅウ》孩《ハイ》子《ズ》健《ジェン》康《カン》成《チァン》长《ヴァン》。

zhù hái zi jiàn kāng chéng zhǎng

22. 兄の娘さんはとてもかわいいね。

哥《グゥ》哥《グゥ》的《ダ》女《ニゥ》儿《アル》真《ヅェン》可《ク》爱《アイ》。

gē ge de nǚ ér zhēn kě ài

23. 個性的な人になってください。

希《シ》望《ウワン》你《ニィ》成《チァン》为《ウェイ》有《ヨゥ》个《グゥ》性《シン》的《ダ》人《レン》。

xī wàng nǐ chéng wéi yǒu gè xìng de rén

24. 社会に役立つ人になってください。

希《シ》望《ウワン》孩《ハイ》子《ズ》成《チァン》为《ウェイ》社《スァ》会《ホヮェイ》有《ヨゥ》用《ヨン》的《ダ》人《レン》。

xī wàng hái zi chéng wéi shè huì yǒu yòng de rén

25. 子供の幸せを祈ります。

希《シ》望《ウワン》孩《ハイ》子《ズ》幸《シン》福《フ》。

xī wàng hái zi xìng fú

CD-36

26. お父さんお母さん大変ご迷惑かけました。

給《ゲイ》父《フ》母《ム》添《ティェン》麻《マ》烦《ファン》了《ラ》。

gěi fù mǔ tiān má fan le

27. お父さんお母さん、ご苦労さま！

爸《バァ》爸《バァ》、妈《マ》妈《マ》辛《シン》苦《ク》了《ラ》！

bà ba mā ma xīn kǔ le

28. お大事に！

多《ドゥオ》保《バォ》重《ヅォン》！

duō bǎo zhòng

29. 杭州は私の故郷です。

杭《ハン》州《ジョオ》是《ス》我《ウォ》的《ダ》故《グゥ》乡《シャン》。

háng zhōu shì wǒ de gù xiāng

30. 杭州西湖の美しい自然が自慢です。

杭《ハン》州《ジョウ》西《シイ》湖《ホゥ》的《ダ》自《ズ》然《ラン》美《メイ》是《ス》我《ウォ》的《ダ》骄《ジャオ》傲《アオ》。

háng zhōu xī hú de zì rán měi shì wǒ de jiāo ào

31. 西湖は中国の有名な観光地です。

西《シイ》湖《ホゥ》是《ス》中《ヅォン》国《グォ》有《ヨゥ》名《ミン》的《ダ》旅《リュイ》游《ヨゥ》胜《ション》地《ディ》。

xī hú shì zhōng guó yǒu míng de lǚ yóu shèng dì

32. どこへ行っても故郷は忘れません！

无《ウ》论《ルン》到《ダオ》什《シェン》么《モ》地《ディ》方《ファン》、总《ヅォン》忘《ウアン》不《ブ》了《リャオ》故《グゥ》乡《シャン》！

wú lùn dào shén me dì fāng zǒng wàng bu liǎo gù xiāng

# Ⅳ 友情編

CD-37

1. お元気ですか？

身《シェン》体《ティ》好《ハオ》吗《マ》？

shēn tǐ hǎo ma

2. 元気出してね！

打《ダ》起《チィ》精《ジン》神《シェン》来《ライ》！

dǎ qǐ jīng shen lái

3. どうしたの？

怎《ヅン》么《モ》了《ラ》？

zěn me le

4. 大丈夫！

没《メイ》关《グァン》系《シ》！

méi guān xi

CD-38

5. 気をつけてね！

小《シャオ》心《シン》点《ディエン》儿《アル》!

xiǎo xīn diǎn r

6. 元気で何よりです。

身《シェン》体《ティ》好《ハオ》比《ビ》什《シェン》么《モ》都《ドォウ》重《ヅォン》要《ヤオ》。

shēn tǐ hǎo bǐ shén me dou zhòng yāo

7. 頑張って下さい ！

加《ジア》油《ヨゥ》！

jiā yóu

8. ご親切にありがとう ！

谢《シェ》谢《シェ》你《ニィ》的《ダ》好《ハオ》意《イ》！

xiè xie nǐ de hǎo yì

9. よろしくお願いします！

请《チン》多《ドゥア》多《ドゥア》关《グァン》照《ヅャオ》！

qīng duō duō guān zhào

10. いつも助けてくれてありがとう ！

谢《シェ》谢《シェ》你《ニィ》一《イ》直《ヅ》帮《バン》我《ウォ》！

xiè xie nǐ yì zhí bāng wǒ

11. これは心ばかりの贈り物です。

这《ヅォ》是《ス》一《イ》点《ディエン》儿《アル》心《シン》意《イ》。

zhè shì yì diǎn r xīn yì

CD-39

12. すごく楽しかった！

非《フェイ》常《チャン》快《クァイ》乐《ラ》！

fēi cháng kuài lè

13. おめでとう！

祝《ヅウ》贺《ホゥ》你《ニィ》！

zhù hè nǐ

14. お金持ちになったね、おめでとう！

恭《ゴン》喜《シ》发《ファ》财《ツァイ》！

gōng xǐ fā cái

15. 乾杯!

干《ガン》杯《ベイ》！

gān bēi

16. お疲れさま！

你《ニィ》辛《シン》苦《ク》了《ラ》！

nǐ xīn kǔ le

17. 私たちの幸せと健康のために乾杯!

为《ウェイ》了《ラ》我《ウォ》们《メン》的《ダ》健《ジエン》康《カン》和《ホゥ》幸《シン》福《フ》干《ガン》杯《ベイ》！

wèi le wǒ mēn de jiàn kāng hé xìng fú gān bēi

〔著者紹介〕

**呉　越華**（ご　えつか）

中国杭州出身。声楽家。中国音楽教育学会会員。国際芸術連盟会員。

上海交通大学大学院音楽教育研究科を修了、杭州師範大学音楽学部声楽講師を務め。1992年、杭州市にて初のリサイタルを開く。

横浜国立大学声楽専攻研究科を修了、1996年97年アジア親善特別大会出演。以来、日本での活動を増やし、ソロリサイタルを開催、ジョイントコンサート、ラジオCM出演など幅広く活躍している。2000年、まゆずみ音楽祭に黛ジュンと共演。2004年、李光曦、鄭咏、中野良子と共演。

ヴォーカリストとして出演したラジオCM「ワールドキューピーマヨネーズ中国」が好評を博し、2004年に同CMで、ACC（全日本シーエム放送連盟）総務大臣賞を受賞した。

声楽家としての活動のかたわら、声楽、中国語の指導、通訳などを通じ、日中の文化交流活動にも力を尽くしている。


CD付　覚えておきたい中国語の歌　（検印省略）

2005年9月2日　第1刷発行
2012年4月5日　第13刷発行

著　者　呉　越華（ご　えつか）
発行者　安部　毅一

〒102-0083
発行所（株）中経出版　東京都千代田区麹町3の2相互麹町第一ビル
電話　03(3262)0371（営業代表）
03(3262)2124（編集代表）
FAX　03(3262)6855　振替 00110-7-86836
ホームページ　http://www.chukei.co.jp/

乱丁本・落丁本はお取替え致します。
DTP・印刷／三松堂印刷　製本／越後堂製本





ISBN978-4-8061-2264-7 C2087
JASRAC　出 0510308-213
MCSC. L-M/BK-PR/2005-H30

中経出版

# 好評発売中!

## 3秒で話す中国語

暢 素梅：著

伝えたいことが3秒で話せる、いちばんやさしい会話の本。「これが言えたら……」という基本フレーズ満載。旅先ですぐに使える実践会話を集約。発音の基本表、基本フレーズ携帯カード、CD付。

## CD付 まる覚えかんたん中国語

秦 燕：著

場面ごとによく使うフレーズを見開きで1日4つずつ紹介。2カ月で無理なく「まる覚え」できる。発音と声調など大切な部分は詳しく解説。かんたんフレーズをまる覚えすると、会話力が身につく！

## CD付 やさしくて超べんり！ 生産現場でよく使う中国語

王 保東：著

日本初の「生産現場」に関する中国語会話入門書。豊富な実務体験をもつ著者が、さまざまな実務場面でよく使われるフレーズを厳選。CD、発音の基本一覧シートなど、便利な付録5点セット付き。

## 中国に留学して夢をかなえる

萬 里紅：著

語学留学をきっかけに上海に自分のお店を開いて成功している元OLの女性など、日本人留学生7人の体験談をまじえ、留学先をどうやって選ぶかから就職活動のポイントまでを紹介します。